사이토 히토리의 신기한 매력론

반드시 성공으로 이끄는
운의 법칙

KB191415

사이토 히토리의 신기한 매력론

반드시 성공으로 이끄는 운의 법칙

시바무라 에미코(柴村 恵美子) 지음 | 권혜미 옮김

N 넥스웍

더 많은 사람에게 더 좋은 일만 기적처럼 일어나길 바라며……

안녕하세요. 이 책의 저자 시바무라 에미코입니다.

내가 쓴 책이 서점에 나와 있는 모습을 보고, 나는 마음속 깊이 생각했습니다.

'이건 행운이 아니라 기적이다!'

그리고 중쇄를 거듭해 찍고 있다는 소식이 들려왔습니다. 이건 이미 기적을 넘어선 매우 놀랍고도 행복한 일이지요.

하지만 이 책을 쓴 후 나에게는 더욱더 좋은 일이 많이 일어났습니다.

조용하던 내 고향, 홋카이도 가미시호로정(上士幌町, 일본 홋카이도 도카치 종합진흥국 관내의 가토 군에 있는 정)에 많은 인파가 몰리게 된 것이 그중에 하나입니다. 전국 각지에서 가미시호로정 언덕에 세워진 부처상을 보러 많이들 오고 계십니다.

그리고 우연히 나를 만나면 "이 책을 읽고 내 마음에도 촛불이 켜졌어요."라며 인사를 건네주시지요.

사람들 마음에 희망의 촛불을 켜주기 위해 이 책을 썼는데, 오히려 독자들 덕분에 나는 더 큰 희망과 용기를 얻었습니다. 진심으로 감사드립니다.

그리고 또 하나, 촛불 하나는 작지만 그 작은 촛불이 모이면 이 세상을 밝힐 만한 큰 빛이 된다는 것도 최근에 실감했습니다.

이 책을 통해서 더 많은 사람이 웃으면서 성공하는 방법을 알기를, 마음의 촛불이 켜지기를 간절히 바랍니다.

그리고 모두가 소중한 사람에게 "태어나줘서 고맙다."라고 말하며 즐겁고 행복한 인생을 보내시길 바랍니다.

시바무라 에미코

프롤로그

나에게는 순전히 내 개인적인 취향으로
30년 가까이 은사로 모시는 분이 있다.

그분은 '긴자마루칸'의 창업자로, 1993년부터 10년 연속 전국 고액 납세자 순위 10위 안에 든 사이토 히토리 씨다.

매스컴은 취재에 일절 응하지 않는 그를 베일에 싸인 인물로 생각하지만, 그는 자기 자신을 그저 평범한 사업가로 생각하고 있다.

보통은 '일본 최고의 부자'라고 하면 나이가 지긋한 노인을 떠올리기 십상이지만, 사이토 히토리 씨는 꽤 젊고 인상이 좋은 남자다. 특히 나는 사이토 히토리 씨의 투명하고 반짝이는 눈동자를 매우 좋아한다. 사람들에게 그

눈을 직접 보여줄 수 없는 것이 유감일 정도다.

이전에 데이코쿠호텔에서 '마루칸' 파티가 열렸을 때 사이토 히토리 씨가 양복을 입고 호텔 복도를 걸어가자 어떤 외국인이 나에게 이렇게 물었다.

"저 사람 배우인가요?"

그렇게 멋진 사이토 히토리 씨가 어느 날 '누구나 성공하는 비결'을 알려주기 시작했다.

"이 이야기를 들으면 누구나 성공할 수 있어. 모르면 절대 성공할 수 없지. 하지만 이 이야기를 아는 이상 누구도 성공은 피해갈 수 없어.

그것이 무엇인가 하면 '매력'이야.

이 세상에는 '매력'이라는 것이 있어. 인간에게는 매력적인 사람과 매력적이지 않은 사람이 있지.

그럼 매력이란 무엇일까.

매력은 인력과 비슷해.

흔히 지구에는 인력이 있다고 하지? 그건 틀린 말이 아니야.

인력이 있어서 지구가 있는 거야.

우주에는 먼지나 다양한 물질들이 떠다녀. 그중에는 흡

입력이 높은 물질이 있는데, 그 물질 주변을 돌다 보면 흡입력이 더욱더 높아지지. 이렇게 흡입력 높은 물질 주변을 맴돌다가 지구가 생긴 거야.

만약 흡입력이 없었다면 지구는 뿔뿔이 흩어졌겠지.

이와 비슷한 것이 매력이야.

지구에는 인력이, 사람에게는 매력이 있는 거지.

우주에는 우주 적금이라는 것이 있고, 매력적인 행동을 하면 그 금액은 점점 늘어나. 반대로 매력적이지 않은 행동을 하면 그 금액은 줄어들지.

그리고 우주 적금은 엄청난 이자가 붙어.

'좋은 일'만 하는 사람은 자신도 모르는 사이에 매력 적금을 붓고 있지.

이를테면 항상 웃는 사람은 플러스 300점, 그 점수에 이자가 붙으니까 '좋은 일'이 그만큼 더 많이 생기는 거야.

그러나 손님이 있을 때만 웃는 사람도 있어. 그런 사람은 당연히 매력이 없지.

왜냐하면 손님이 있을 때만 웃는다는 것은 돈을 받을 때만 웃는다는 거잖아. 돈을 주지 않으면 웃지 않는다는 소리지.

그냥 웃지 않는 사람은 매력이 없어. 그러니까 마이너

스 100점이지.

항상 웃는 사람과 돈 앞에서만 웃는 사람에게는 큰 차이가 있어.

실제로 돈을 빌려보면 알 수 있듯이, 금리는 돈을 맡길 때보다 돈을 빌릴 때 더 높아.

그래서 우주 적금을 마이너스로 만들면 '나쁜 일'만 일어나는 거야.

실제로 이렇게 말하는 사람이 많아.

'왜 계속 안 좋은 일만 일어나는 걸까.'

그 이유는 간단해. 매력이 없는 행동을 하기 때문이야. 우주 적금을 빌리고만 있는 거지.

우주 적금을 그만 빌려야 해. 빌리기보다는 매력을 저금해야 하지. 저금해서 그 액수를 늘려야 하지. 우주 적금을 늘리면 무엇을 해도 성공할 수 있어.

변두리 촌구석에 있는 술집이라도 매력적이면 사람은 모이게 되어 있어.

이처럼 모든 것은 매력적인 곳으로 모여.

매력은 없지만 사람을 많이 모았다, 수익도 많이 올랐다, 이런 일은 일어나지 않아. 이런 생각을 하는 것만으로도 마이너스 100점이야."

혹시 이 이야기를 듣고 당신의 마음속에 꿈틀대는 무언가가 있다면, 이 책을 끝까지 읽어주길 바란다.

이 책의 전반부는 사이토 히토리 씨의 매력론 그리고 후반부는 그의 매력과 그가 알려주는 매력적인 사람이 되는 방법을 소개한다.

그러나 사이토 히토리 씨의 생각은 세상의 눈으로 바라보면 조금 이상할지도 모른다. 그래서 그가 한 말에 위화감을 느낄지도 모른다.

그래도 사이토 히토리 씨는 언제나 이렇게 말한다.

"사람의 마음에 100%는 없어. 누군가에게 세뇌당하지 않는 한, 자유롭게 있으면 그걸로 된 거야."

그래서 나와 내 친구들은 각자 자유로운 의지로 사이토 히토리 씨의 생각에 공감하고, 그의 생각을 따르고, 즐기면서 우주 적금을 쌓기로 했다. 그리고 그런 인생에 행복을 느꼈다.

이상하기로 소문난 사이토 히토리 씨에게 매력을 느끼는 이상한 사람이 있고, 그 이상한 사람이 바로 나고, 인생은 의외로 재미있는 부분이 많다는 걸 알게 된 것만으로도 나는 행복하다.

나에게 이 책을 쓸 기회를 준 출판사 분들과 이 책을

선택해 준 독자분들에게 진심으로 감사의 말을 전하고
싶다.

아직 미숙하지만 사이토 히토리 씨의 말이 여러분의
가슴에 잘 전달되길 바라며 이 책을 썼다.

"모든 좋은 일이 눈덩이처럼 일어나길 바라며……."

시바무라 에미코

들어가기 전에   4

프롤로그   6

— 제1장 —

성공으로 이끄는 운의 법칙

1   우리는 얼마나 매력적일까   22

2   끌어당기는 무언가가 있어야 한다   26

3   이해하고 배려하는 마음이 매력이다   34

4   상대가 어떻게 생각할지 고민하고 행동해야 한다   38

5   불필요한 것까지 탐하지 말아야 한다   45

6   경제 시대에 걸맞은 프로가 되어야 한다   49

7   남에게 이용당해야 비로소 돈이 생긴다   53

8   멋지게 살아야 한다   58

9   장사도 매력적인 사람이 성공한다   63

제2장

언제 어디서든 최선을 다해야 한다

1 너무 완벽을 추구해서는 안 된다   70

2 사람은 누구나 자기 중요감을 갈망한다   77

3 60%는 이상적이고 50%도 충분하다   83

4 매력적인 사람이 되기 위한 마음의 촛불   87

5 살기 위해서라면 언제 어디서든 최선을 다해야 한다   93

6 99%는 '즐거움'이고, 나머지 1%는 '성실함'   97

7 즐거움을 아는 사람이 매력적인 사람이다   104

8 밑바탕이 즐겁지 않으면 뭘 해도 즐거울 수가 없다   107

9 사람에게는 각각의 개성이 있고, 그 개성에는 좋고 나쁨이 없다   113

---・제3장・---

편안한 인생, 행복한 인생

1   활기치고 즐겁게 일하라   120

2   자신의 한계에 도전해야 한다   124

3   '한 단계 위'를 목표로 하면 지겹던 공부도 즐거워진다   127

4   뭐든지 즐기지 않으면 이룰 수 없다   132

5   어떤 말을 쓰는지에 따라서 미래가 완전히 달라진다   135

6   '어떻게 하면 내가 행복해질 수 있을까.'를 생각해야 한다   140

7   겸손하면 인생이 편안해진다   143

8   인간은 각자의 속도에 맞춰서 발전한다   149

제4장

마음의 촛불

1	끊임없이 순환하는 것이 자연의 섭리다	158
2	모든 사람은 행복해지기 위해 태어난 것이다	162
3	모든 좋은 일이 눈덩이처럼 일어나길	167
4	나를 사랑하고, 남을 사랑하라	173
5	'나를 사랑하라'는 에고가 아니다	176
6	사람 자체가 사랑과 빛의 결정체이다	180
7	말을 잘못하면 불행을 불러온다	184
8	나쁜 사람과 이상한 사람은 피하는 게 상책이다	189

• 제5장 •

용서와 사랑, 화해의 장

1	멀리 떨어지면 다 용서할 수 있게 된다	196
2	한 방에 상대방을 박살 내는 방법	201
3	사람들의 마음에 촛불을 켜야 한다	206
4	그 사람을 있는 그대로 인정해주어야 한다	210
5	칭찬은 고래도 춤추게 한다	214
6	행복은 마음먹기에 달려있다	217
7	마음의 촛불을 켜는 것은 기술이 아니라 생각과 사랑이다	222
8	작은 돌이 다이아몬드로 바뀌기를	226

| 에필로그 | 230 |

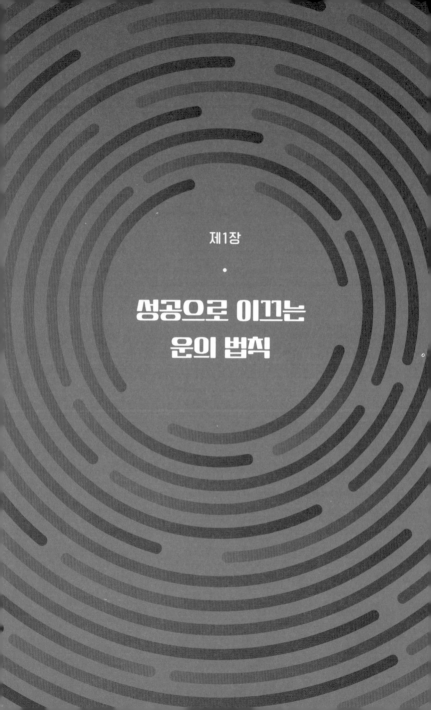

제1장

·

성공으로 이끄는
운의 법칙

1

우리는 얼마나
매력적일까

　　　디플레이션이다, 버블 붕괴 후 주가가 폭락했다는 이야기로 세간이 떠들썩할 때의 일이다. 사이토 히토리 씨는 우리에게 이렇게 말했었다.

"지금은 여성 시대라고 말해.

　그러면 여성 시대란 무엇일까? 이를테면 여성이 자동차를 살 때 그 차를 보고 살지 말지 고민하는 거야.

　그런 게 바로 여성 시대야.

　옛날에는 자동차에 대해서 잘 모르면 속거나 고장 나는 경우도 있어서 품질을 중시했지.

　그러나 여성 시대에는 그런 건 필요 없어.

　몇 기통 이하면 자동차가 멈춘다거나 사양을 모르면

크게 손해 본다거나 그런 일은 없어. 요즘 자동차는 주행 성능이 다 좋고, 웬만해선 잘 고장나지도 않아.

즉 요즘은 일일이 내용을 다 알아야 하는 시대가 아니라는 뜻이지.

양복도 마찬가지야. 한 번 세탁했더니 쭈글쭈글해져서 다시는 입을 수 없게 된 그런 시대가 아니야. 지금은 안심하고 디자인만 고르면 되는 시대가 된 거야.

나는 이것이 여성 시대라고 생각해.

그리고 요즘은 물건값이 점점 떨어지고 있어. 물건값이 떨어졌다는 것은 그 물건의 가치가 떨어졌다는 거야.

하지만 '시계추 원리'라는 것이 있어.

시소를 생각해봐. 한쪽이 내려가면 한쪽이 올라가잖아. 이처럼 세상은 전부 떨어질 수는 없어.

이게 무슨 말인가 하면, 물건의 가치가 내려갈 때는 인간의 가치가 올라간다는 뜻이야.

그렇다고는 해도 모든 인간의 가치가 올라가는 것은 아니야. '매력 있는 사람'의 가치만 올라가는 거지.

'여기에서도 팔고 저기에서도 파는데, 굳이 그 사람한테 가서 살 필요가 있을까?'

이런 거야.

그럼 우리는 얼마나 매력적인 사람일까? 한번 생각해봐.

남에게 호감과 감동은 주지 않고, 흠집만 잡으려고 하면 안 돼.

이것은 물건을 팔 때만 해당하는 얘기가 아니야. 절대 장사의 문제가 아니야.

앞으로는 인간적인 매력이 중요하다는 것을 알아야 해."

이 이야기를 들었을 때 나는 조바심이 났다. 그것은 내가 매력적인 사람이라서가 아니다.

내가 매력적인 사람인지 아닌지는 내 관점에서 판단하는 것이 아니라 남이 결정해주는 것이다.

내가 사이토 히토리 씨의 이야기를 듣고 조바심이 난 이유는 지금까지 그에게서 배운 그 어떤 것보다 강력하고 실용적인 내용이었기 때문이다.

이전까지 그는 '풍족한 마음, 행복, 사랑'에 대한 이야기를 주로 해주었었다.

왜 이런 걸 알려주었을까. 우리는 비즈니스 관계가 아닌 어떤 인연으로 맺어진 친구 같은 사이였기 때문이다.

당신도 친구가 힘들어하면 도움을 주고 싶을 것이다. 사이토 히토리 씨도 마찬가지로 자신보다 힘들게 살아가는 사람에게 '좀 더 행복한 삶이 있다고' 손을 내밀어 준 것이다. 그리고 그는 친구로 함께 살아가는 연장선상에 사업가라는 선택지를 내게 주었고, 나는 그것을 선택한 것뿐이다.

그럼 사이토 히토리 씨의 말과 매력적인 사람이 어떤 관계가 있을까.

그것을 말하기에 앞서, 재미있고 감동적인 사이토 히토리 씨의 매력론을 먼저 소개하겠다.

2

끌어당기는 무언가가
있어야 한다

사이토 히토리 씨는 사람은 충분히 매력적으로 바뀔 수 있다고 말한다.

"그럼 어떻게 해야 매력적으로 바뀔 수 있나요?"

내가 묻자 그는 다음과 같은 이야기를 들려줬다.

"사람은 얼마든지 매력적으로 바뀔 수 있어.

어떤 매력을 가질지는 사람마다 다르지. 이를테면 지극히 평범한 남자가 있어.

아무리 봐도 평범하기 짝이 없는 사람이지만 '저 사람 일류대학을 수석으로 졸업했대.'라는 말을 들으면 모두가 감탄하며 그 사람을 바라보는 시각이 달라질 거야.

'저 사람 아버지가 오사카 시장님이래.'

'집이 엄청 부자인 데다 외아들이래.'

이런 말들이 점점 매력적인 이야기로 다가올 거야.

즉 뭐든지 좋은 것은 매력이 돼.

그래서 사람은 얼마든지 매력적으로 바뀔 수 있다는 거야.

하지만 아무리 노력해도 매력이 올라가지 않을 수도 있어. 가지고 있는 매력을 없앨 수도 있지.

쉽게 말해서, 지금 내가 하는 말이 매력적인지 매력적이지 않은지 생각해보는 거야.

우리 주변에는 매력이 없는 사람도 충분히 많이 있어. 매력 없는 사람은 반드시 매력 없는 행동을 하지.

이를테면 항상 '경기가 왜 이 모양이야!'라고 말하는 사람이야.

물론 한 번쯤은 불만을 말할 수도 있어. 그러나 경기가 나쁘다, 정치가 산으로 간다, 정치인들은 사기꾼이다, 이런 이야기를 계속하다 보면 매력은 사라지게 되어 있어.

그것보다는 이렇게 말하는 게 훨씬 매력적이지.

'경기가 불황이지만 돈을 전혀 안 쓸 수는 없고, 장사가 잘되는 가게도 있잖아? 그러니까 나도 열심히 하면 불황을 극복할 수 있을 거야.'

이런 식으로 매력적인 생각을 하면 매력 적금이 생기게 돼.

우주에는 우주 적금이라는 것이 있고, 그 액수는 내 행동에 따라 차곡차곡 늘어나.

이를테면 좋은 대학을 나왔다고 해보자.

좋은 대학을 나온 것은 매력이니까 플러스 100점이야.

그러나 아무도 묻지 않았는데 나는 이런 대학을 나왔다고 자랑하고, 대학 안 나온 사람을 무시하면 마이너스 100점이 되는 거야.

그러면 우주 적금은 저금하자마자 빚으로 바뀌어 버리지.

반대로 학력을 밝히지 않고 겸손하게 무슨 일이든 하겠다며 여러 일을 도맡아서 하면 플러스 100 점이 돼.

그러면 우리는 어느 쪽을 선택해야 할까?

우주 적금은 엄청난 이자가 붙어.

나는 사람들에게 어떻게 하면 나처럼 성공할 수 있냐는 질문을 많이 받아.

나의 성공 비결은 바로 우주 적금에 있어. 나는 우주 적금을 많이 가지고 있지.

'좋은 것'만 하는 사람은 매력적인 말을 하고, 우주 적금도 잘 모아 둬.

반대로 '나쁜 것'만 하는 사람은 매력 없는 말만 하고, 빚만 지지.

'우리 가게는 대로변에서 한참 들어가야 있어서 장사가 잘 안 돼.'

이렇게 부정적인 말로 투덜거리면 매력은 사라지게 되어 있어.

'번화가 뒷골목에 있지만 이런 가게라도 얻을 수 있는 게 어디야. 이런 곳까지 와주는 손님도 있으니까 열심히 해보자.'

'요즘은 인터넷 시대라서 매력만 있으면 장사는 얼마든지 잘될 거야.'

이렇게 말하는 사람이 훨씬 매력적이지. 그러면 우주 적금도 차곡차곡 늘어날 거야.

길이 험하고 상황이 나빠도 산골짜기에 핀 꽃이 예쁘면 사람은 그 산으로 가게 되어 있어.

사람들은 멀리 떨어진 하와이도 비행기를 타고서 가잖아.

장소 때문에 장사가 안 되는 것이 아니라 그 사람에게 매력이 없어서 장사가 안되는 거야.

하물며 꽃도 보러 오는 사람이 있는데 왜 나를 보러 오는 사람은 아무도 없을까.

그 이유를 한번 잘 생각해봐.

같은 물건을 팔아도 장사가 잘되는 곳이 있고 안 되는 곳이 있어. 그럴 땐 이러쿵저러쿵 불만을 말하기 쉽지만, 그러면 매력은 사라져.

매력이란 무엇일까?

매력적인 말을 하고 매력적인 행동을 하는 거야. 어려울 거 하나도 없어.

지금 내가 하는 말은 매력적일까?

지금 내 행동은 매력적일까?

한번 잘 생각해봐.

매력이 없다는 것은 인력이 없다는 것과 같아.

인력이 없는데 손님이 모일까? 끌어당기는 힘이 없는데 손님이 모일 리가 없지.

끌어당기는 무언가가 없으면 어쩔 수 없어. 사람은 사람이 무언가로 끌어당겨야 오는 거야.

그러면 나는 어떤 부분에서 매력적인지 생각해야 해.

누군가가 '좋은 것'을 알려 줬는데도 하지 않고, 하더라도 설렁설렁한다면 지혜는 나오지 않아. 그런 사람은 전혀 매력이 없지.

이걸 내 일이 아니라 다른 사람의 일이라고 생각해봐. 그런 사람이 매력적인지 아닌지 말이야.

전혀 매력적이지 않다는 생각이 들지?

학교에서도 마찬가지야. 후배가 왔을 때 선배로서 좋은 길로 이끌어주는 사람은 '좋은 사람'이야. 선배 대우만 받으려고 하는 사람은 흔히 말해 꼰대겠지.

그러니까 항상 매력적인 모습을 유지하는 사람에게 매력 적금이 생기는 거야.

사람들은 그것을 보고 '방법론이다, 기술이다.'라고 말하지만 사실은 그렇지 않아.

매력이 없는 사람을 무엇을 해도 실패하게 되어 있어.

매력 없는 사람이 아무리 노래를 잘 부르고 춤을 잘 춰도 그것은 아무것도 되지 않아.

그러니까 자신의 매력을 높이는 것이 중요해.

그리고 매력적인 말을 하면 자신의 기분도 좋아질 거야. 상대방의 기분은 물론이고.

얼굴이 크고 다리가 짧아서 매력을 높일 수 없다고 말하는 사람도 있는데, 매력은 얼굴 크기와 다리 길이와는 상관없어.

험프리 보가트(미국 영화배우)도 다리가 짧고 얼굴이 컸어. 그런데도 매력이 상당했었지.

그런 말을 하는 사람에게서는 매력이 나오지 않아.

짧은 건 짧은 대로 두면 돼.

'나는 상반신이 길어서 앉아 있으면 멋있어 보여.'

대신에 이렇게 장점을 살려서 긍정적으로 말하는 거야.

이게 바로 자신을 매력적인 사람으로 바꾸는 방법이지. 그리고 항상 긍정적이고 항상 웃는 자신을 칭찬하면 되는 거야.

'나는 몸이 약해서…….'

이런 말도 좋지 않아. 몸은 약하지만 아직 살아 있잖아.

건강해도 죽는 사람은 얼마든지 있어. 몸이 약해도 살아있는 한 사람은 무엇이든 배울 수 있잖아.

'나는 몸은 약하지만 많은 것을 배워서 남에게 베풀고 웃으면서 살 거야.'

이렇게 생각하는 거야.

이렇게 하면 단 한 마디 말로 내 매력을 충분히 보여줄 수 있겠지?

또 누군가가 '이 책 읽어봤어?'라고 물었을 때 깜짝 놀라면서 '아니, 난 머리가 나빠서 아직 끝까지 못 읽었어.'라고 말하는 사람이 있어.

그런 말은 절대 금지야. 스스로 바보라고 말했으니까 그 사람은 어디를 가서든지 바보 취급을 받을 거야. 사실 똑똑한 사람에게는 책 읽어봤냐는 질문은 하지 않아.

그러니까 '머리가 나쁘다.'라는 단어를 빼고 차라리 이렇게 말하는 게 좋아.

'내가 기억력이 나빠서 몇 번이나 읽어봐야 했어.'

이게 바로 현명한 대답이야. 사회에 나와서 출세하는 사람은 바로 이런 사람이야.

'이 책 진작에 읽었지. 아직도 못 읽었어?'

이렇게 친절을 무시하는 듯한 말도 좋지 않아.

그 대신에 '고마워.'라고 말하면 돼.

'몇 페이지만 읽어도 내용을 전부 알 수 있겠더라.'

이런 잘난 체하는 대답도 물론 좋지 않아.

조금 더 매력적인 말은 이런 대답일 거야.

'이 책 읽어봤는데 정말 많은 공부가 됐어. 내가 몰랐던 것이 정말 많더라고.'

이것이 매력이야."

3

이해하고 배려하는 마음이
매력이다

매력적인 사람이 되면 나는 이제 다른 사람이 되는 걸까?

내 개성을 죽이면 매력이 올라갈까?

다음 소개할 이야기는 이 물음에 대한 대답이다.

"그럼 21세기는 어떤 시대일까?

바로 매력의 시대야. 인간적인 매력이 얼마나 있는지가 중요한 시대지.

그러나 매력에는 정답이 없어.

정답을 말해야 매력이 올라간다면 모두가 도덕가나 종교가가 됐을 거야.

사람은 착하게 살고 싶어도 예쁜 여자의 엉덩이가 눈에

들어오는 법이야. 나는 그것이 건강하고 평범한 삶이라고 생각해. 그리고 난 그런 사람을 좋아하지.

매력은 그런 거야.

매력이란 '오늘 예쁜 여자의 엉덩이를 본 것'을 사람들 앞에서 불쾌하지 않게 말하는 거야. 그리고 그런 사람이 매력적인 사람이고.

즉 가면을 쓰고 착한 체해봤자 그것이 들통나면 매력은 순식간에 떨어진다는 뜻이야.

딱히 거짓이 들통날 것도 없이, 거짓은 거짓의 분위기를 풍겨. 그래서 사람들은 직감적으로 거짓을 알 수 있지. 그것만으로도 매력은 내려가.

그것보단 나만의 개성을 앞세우고 그것을 밀고 나가는 것이 좋아.

영화배우 오드리 헵번을 알 거야. 그녀에게 매력을 느껴서 그녀와 비슷한 얼굴로 성형해도 오드리 헵번은 될 수 없어.

왜냐하면 이 세상에 오드리 헵번은 단 한 명뿐이거든. 아무리 얼굴이 비슷해도 그녀가 아니면 그 매력을 낼 수 없는 거야.

마찬가지로 마돈나를 완벽하게 흉내 내도 마돈나가 아

니면 안 돼.

오드리 헵번의 매력을 제공할 수 있는 것은 오직 오드리 헵번 단 한 사람뿐이야.

마돈나의 매력도 오직 마돈나만이 낼 수 있어.

즉 개성이 중요한 거야.

우리 모두 각자 개성을 가지고 있고, 그 개성에 좋고 나쁨은 없어. 그저 남과 다를 뿐인 거야.

망설이지 말고 개성을 내보여봐. 21세기는 개성으로 승패가 갈린다고 할 수 있어.

우리는 자유주의사회를 살아가고 있어. 자유니까 법을 어겨도 된다는 뜻은 아니야. 하지만 법 안에서 자유롭게 개성을 살리면서 살아갈 수는 있어. 그것이 자유주의사회의 기본이야.

그러나 개성을 보일 때는 남들보다 조금 특출난 것을 내보이는 게 좋아.

나는 다른 사람을 비난하지 않아. 왜 그러냐 하면 나 자신이 대단한 사람이 아니라서야. 나는 완벽한 사람이 아니야. 이렇게 완벽하지 못한 내가 한마디 하면 열 마디 돌아올 게 뻔하잖아.

이것이 논리적이지 못한 사람의 매력이야.

매력에도 여러 가지 매력이 있어. 하지만 자기는 그늘에 앉아서 노는데 다른 사람을 비난하는 건 안 되잖아.

이를테면 나는 늦은 밤에는 절대 술집에 가지 않아. 그런데 만약 다른 직원이 밤늦게 술집에 갔다거나, 거기서 술집 여성과 친해졌다고 해도 나는 별로 신경 쓰지 않을 거야.

그 직원이 해야 할 일을 안 했다거나 도가 지나치게 놀았다고 해도 내가 그를 비난할 자격은 없어.

그저 '조금 자제해야 하는 거 아니야?'라고 말하겠지.

음…… 이걸 뭐라고 말해야 좋을까. 이해? 그래, 이해야.

그리고 이 이해의 기준을 하나 만들어 놓으면 아내가 옷이나 가방을 샀을 때도 잘 어울린다며 대수롭지 않게 넘어갈 수 있어.

이렇게 이해하면 옷장 안에 새로운 옷이 걸려있어도 '잘 샀네.' 하고 부드러운 말이 나올 거야.

결국 사랑이야. 매력은 사랑이야. 이해하고 배려하는 마음이지.

이렇게 상대방을 이해하고 배려하면 매력은 나오게 되어 있어."

4

상대가 어떻게 생각할지
고민하고 행동해야 한다

매력적인 사람이 되기 위해서는 자신의 개성을 살리는 것이 중요하다.

그러나 이때 '나는 정신노동자'라고 깨달을 필요가 있다고 사이토 히토리 씨는 말했다.

그럼 '정신노동자'가 무엇인지 설명해보겠다.

"나를 '마루칸'에서 일하는 장사꾼이라고 생각해.

그것을 전제로 지금부터는 매우 중요한 이야기를 해볼게.

장사꾼들은 전부 '정신노동자'야. 특히 마루칸에서 일하는 사람들은 프로 정신노동자들이지. 물론 밖에 나가면 이 밖에도 프로 정신노동자들은 많이 있어.

잠깐 다른 얘기를 해볼게. 씨름꾼은 일반 사람보다 힘

이 세. 하지만 씨름꾼끼리 모여 있으면 가장 약한 사람은 금방 먹히게 되어 있어.

그러니까 내가 하고 싶은 말은, 프로 정신노동자끼리 싸울 때는 학력을 숨겨야 한다는 거야. 남들에게 학력을 밝히면 바보 취급을 당할 거야. 그리고 이 사실을 모르는 사람도 순식간에 바보가 되는 거지.

정신노동자는 상대가 자신을 어떻게 생각할지를 고민하고 행동해야 해.

그래서 우리는 돈으로 으스대는 것을 좋아하지 않는 거야. 돈 가지고 으스대는 것을 꼴 보기 싫어하고, 그런 사람을 무시하기도 하잖아.

그런 것도 모르고 계속 으스대는 사람은 바보인 게 분명해. 그런 건 프로의 세계에서는 통하지 않아.

프로 정신노동자 세계는 전쟁과 같아.

이를테면 A라는 나라와 B라는 나라가 싸우고 있어. 이럴 때는 서로의 대장이 누군지 알아야 해. 그래야 저번 전쟁 때 어떻게 싸웠고, 상대가 어떤 공격을 해올지 예상할 수 있거든.

이렇게 예상한 후에 상대가 오늘 밤 공습해오면, 우리는 그 예상을 뒤엎고 맞공격할 수 있는 거야.

하지만 상대편도 우리를 계속 지켜볼 거야.

밤에 공습하려면 밥을 많이 먹어야 하고, 그러면 평소보다 많은 양의 밥을 지어야 할 거야. 그러면 당연히 평소보다 연기도 많이 나겠지.

상대편은 그 모든 걸 주시하고 있으니까 오늘 밤은 공습해 올 거라고 예상할 거야.

하지만 머리가 좋은 대장은 이렇게 말할 거야.

'녀석들은 우리를 잘 알고 있다. 그러니까 오늘 밤 공습은 포기한다. 상대는 우리의 작전을 잘 알고 있으니까 다른 공격 작전을 펼쳐야 한다.'

즉 머리 좋은 사람이 승리하는 거야.

프로 정신노동자의 세계는 이런 거야.

그러니까 돈이 많다고, 좋은 대학에 나왔다고 으스대는 사람을 '바보'라는 말 한마디로 일축시킬 수 있는 거지.

그런 걸 모르는 사람은 바보지 정신노동자가 아니야.

우리는 남이 뭐라고 말할지 생각하면서 행동해야 해.

우리가 정신노동자라는 걸 인식해야만 하는 거지.

후배에게도 친절하게 대해야 하고, 신입사원에게도 예의를 갖춰야 해. 왜냐하면 화 난 사람은 절대 움직이지 않거든.

정신노동자는 일을 가르쳐줄 때도 쉽고 재미있게 설명을 해. 가뜩이나 어려운 이야기인데 화내면서 얘기하면 누가 들어주겠어.

정신노동자란 그런 거야.

'사람 속을 모르겠다.'

이런 말을 하는 사람은 정신노동자가 아니야.

'나는 이해력이 부족한가 봐.'

이런 말도 금지야.

이 세상에 이해력이 부족한 사람은 없어. 이해력이 부족하다는 것은 종일 자기 일에만 집중한다는 증거야. 다른 사람에게까지 신경이 미치지 못하는 거지.

그러면 둔한 사람은 머리가 나쁜 걸까?

절대 그렇지 않아. 그저 성격이 좋지 않은 것뿐이야. 뇌세포 수는 누구나 다 똑같아.

'내가 좀 둔하잖아.'

이렇게 말하는 사람도 있는데 사실은 둔한 게 아니야. 배려할 줄 모르는 거지. 자기만 신경 쓰니까 다른 사람을 헤아리지 못하는 거야.

내가 먼저 말을 꺼내기 전에 다른 사람의 이야기에 집중해봐.

정신노동자는 남의 말을 집중해서 들어. 그런 다음에 어떻게 할지를 생각하지.

그리고 그들은 항상 웃고 있어. 웃는 사람에게 사람이 모인다는 것을 잘 알기 때문이야.

화를 내려고 하지도 않아. 화를 내면 바보처럼 보인다는 걸 아주 잘 알고 있거든.

그들은 그저 당연한 것을 할 뿐이야. 정신노동은 어렵고 힘든 일이 아니야.

웃으면 이쁨받고, 화내면 미움받는다. 이것뿐이야.

화가 나도 꼭 가르쳐야 할 것이 있을 때는 머리를 써야 해. 답답하니까 화를 내는 것이 아니라, 답답하니까 다른 방법을 생각해내야 하는 거야.

그래 맞아, 우리는 정신노동자야.

정신노동자는 한 치 앞을 내다봐야 해. 그리고 장사를 저버리면 안 되지.

이것은 장사를 통한 수행이야.

그리고 배움도 중요해.

사는 동안에는 끊임없이 배워서 자신의 수준을 높여야 해.

이게 무슨 뜻인가 하면 '나는 행복하다.'라고 느끼는 사람이 되는 거야.

순간순간 행복해지는 거야. 그러면 주변 사람에게도 사랑을 나눠줄 수 있고, 행복도 나눠줄 수 있어. 이 두 가지는 매우 중요한 거야.

이 두 가지를 실천하면서 자신을 성장시키고, 죽어서 영혼을 고향으로 돌려보내는 것이 정신노동자의 운명이야.

사는 동안에는 이런 놀이를 하고 게임을 하는 거지.

유행(遊幸)이라는 말이 있어. 우리는 세상에 놀러 온 거야. 일을 통해서 유행을 하는 거지. 즐겁게 말이야.

우선 항상 밝은 생각을 해야 해. 항상 밝은 생각을 하면 일도 놀이처럼 생각할 수 있거든.

사실 세상에 일어나는 일은 아무것도 아니야. 우주의 에너지가 모여서 생긴 것뿐이지. 모든 것은 수행이 끝나면 뿔뿔이 흩어지게 되어 있어.

그리고 영혼만 남게 돼.

내 이런 이야기를 믿지 않는 사람은 아주 많아. 하지만 억지로 믿으려고 하지 않아도 돼. 그런 것을 일일이 믿을 필요는 없고, 나도 강요하지 않을 생각이야.

하지만 우리는 정신노동자니까 웃으면서 친절하게 말해야 해.

그리고 지금 내 앞에 있는 사람들을 위해 최선을 다해야 해. 애정이 담긴 표정과 애정이 담긴 말을 하는 것이 최선을 다하는 거야.

보통은 시무룩한 표정을 짓고 있는 사람에게 에티오피아 난민 이야기를 하지는 않아.

우선은 그 사람의 기분을 살핀 후에 이야기해도 되겠다 싶을 때 그 얘기를 하는 게 좋지 않을까?

에티오피아는 에티오피아에서 수행하는 사람이 있어. 하지만 우리가 수행하는 곳은 '지금 여기'야.

'지금 여기'서 내 앞에 있는 사람에게 애정이 담긴 표정으로 애정이 담긴 말을 해야 해. 그래야 힘든 불황의 시대도 극복할 수 있는 거야.

그리고 이렇게 해서 이익이 창출되면 우리가 낸 세금으로 많은 사람도 살릴 수 있게 되지.

정신노동자, 장사꾼은 자기만을 위해서 살지 않아.

정신노동자는 하늘이 부여한 선물 같은 존재야. 그들은 우리 모두에게 많은 도움을 주지.

이것을 알면 우리의 정신은 한 단계 더 성장할 거야."

5

불필요한 것까지
탐하지 말아야 한다

　　다음에 소개할 내용은 '정신노동자'의 번외편이다. 명예와 지위가 매력이라고 생각하는 사람은 꼭 읽어보길 바란다.

"바보는 정말 바보 같은 짓만 해.

왜냐하면 정말 바보이기 때문이야.

이를테면 3천 궁녀를 둔 중국의 진시황은 내가 봤을 땐 엄청난 바보야.

매일 궁녀 한 명씩 만나더라도 3천 명을 만나려면 족히 10년은 걸리잖아. 그러면 20살 때 궁에 들어온 궁녀는 30살이 되는 거야.

만약에 어제 만난 궁녀를 오늘도 내일도 본다면 3천

번째 궁녀는 언제 만나게 될까? 중간에 부부의 연을 맺는 궁녀가 생긴다면 3천 번째 궁녀는 영영 보지도 못하게 될 거야.

그래서 자신이 정말 마음에 드는 궁녀 10명만 선택한 뒤 나머지는 돌려보내는 것이 훨씬 좋았을 거야.

올해는 우선 궁녀 10명을 데리고 있다가 내년에 다시 10명을 데리고 오는 게 훨씬 이득인 거지.

진시황은 궁녀 3천 명을 한꺼번에 데리고 와서 비난을 받은 거야.

중국에는 산해진미를 모은 음식을 2~3일에 걸쳐서 먹는 만한전석이라는 코스 요리가 있어. 이것을 한 번에 다 먹는 자도 바보야.

자기 혼자 다 먹지 못할 만큼 많은 음식이 나왔다면 굶주린 사람에게 나눠주는 것이 '좋은 왕'이지.

하지만 아무에게도 나눠주지 않고 혼자 다 먹어버린다면 그건 왕이 아니라 바보야.

양쯔강에 사는 수달은 양쯔강 물을 전부 다 마시지 않아. 그래서 물이 마르지 않는 거야.

자기에게 딱 필요한 만큼의 물만 마시지. 이것이 현명하게 사는 방법이야.

현명한 삶은 훌륭한 삶과 달라.

훌륭할 필요는 없어. 왜 꼭 훌륭하고 대단해야 한다고 생각하지?

불필요한 것까지 탐하는 게 뭐가 훌륭하겠어?

그것은 짐이 돼. 불필요한 짐을 메고 힘겹게 걸어가면서 남에게 미움까지 받는다, 그런 자가 제일 바보인 거지.

명예가 뭘까?

명예를 어디에 써야 할까?

명예에는 기본적으로 '거만함'이 있어. 그리고 거만한 자는 대개가 바보야. 거만하고 으스대는 것 자체가 훌륭하지 않은 거지.

그래서 일류대학을 나왔다고 으스대는 자는 바보인 거야. 으스대고 거만하게 굴면 미움받는다는 것을 모르기 때문에 바보인 거지.

그것을 보고 '대단한데.'라고 말하는 자도 바보야.

나중에 똑같은 짓을 할 수도 있거든.

이를테면 진시황을 보고 대단하다고 생각하는 자는 나중에 왕이 됐을 때 3천 궁녀를 모아 '어때, 대단하지?'라고 말할 가능성이 상당히 높아. 그래서 바보라는 거야.

계산해 봐. 스무 살에 데리고 온 여자를 서른 살 마흔

살이 됐을 때 처음 보는 거잖아.

사람들은 일류대학을 나오면 다 똑똑하다고 생각해. 하지만 아무리 일류대학을 나와도 바보짓을 하는 자는 바보야.

반대로 대학을 나오지 않아도 똑똑한 사람은 있어. 그런 사람은 바보가 아니야. 학교 다닐 때 공부를 못 했어도 바보짓을 하지 않으면 바보가 아니야.

바보는 도쿄대학을 나와도 바보야. 도쿄대학을 수석으로 졸업해도 바보지.

그 사람이 무엇을 하고 있는지에 따라서 똑똑하다, 바보다, 매력적이다, 매력이 없다로 나누어져.

하지만 말이야, 이런 식으로 말이 많은 것도 바보야. 일단 해보면 되는 거잖아.

말이 많으면 본인도, 듣는 사람도 피곤해져.

조용히, 편안하게, 호들갑 떨지 않고.

이래서 똑똑한 사람은 주변 사람들과 좋은 관계를 잘 유지하는 거 같아.

일이든 뭐든 다 똑같아.

행복하게 산다는 것은 그런 거야."

6

경제 시대에 걸맞은
프로가 되어야 한다

지금은 인간적인 매력으로 대결하는 시대다.

그러나 지금은 경제의 시대이기도 하다. 경제를 읽지 못하면 매력도 살릴 수 없다.

다음에 소개할 내용은 그런 이야기다.

"경제 시대란 무엇일까? 그것은 모든 사람이 경제를 배우는 시대야.

이전 시대에는 모두 전쟁을 배웠어. 전쟁의 비극을 배우기 위해 전 세계 사람들이 전쟁을 경험했지.

그러나 지금은 전쟁이 아니라 경제를 배우고 있어.

경제를 배우고 있다는 건 무슨 뜻일까?

연봉 협상, 명예퇴직이라는 경험을 통해서 경제가 생활의 기반이 되었다는 것을 뼈저리게 느끼고 있다는 뜻이야.

즉 직장인은 경제를 통해서 어떻게 생각하고 어떻게 행동해야 하는지를 배우고 있어.

경영자는 어떤 생각과 어떤 행동으로 회사를 경영해야 하는지, 기업은 어떤 생각으로 무엇을 회사에 제공해야만 하는지를 경제로부터 배우는 거야.

이것을 끝까지 잘 배운 사람은 성공하고, 그렇지 않은 사람은 실패하는 거지. 성공한 그룹에 설지 실패한 그룹에 설지 그것은 개인의 자유지만 말이야.

그러나 앞으로는 인간적인 매력이 매우 중요한 시대가 되었어. 그 매력에는 크게 두 가지가 있어.

첫 번째는 '힐링'이 되는 사람이야.

일이 끝난 뒤에 사적으로 힐링해 주는 것은 좋아. 하지만 업무 시간에 일은 대충하면서 기쁨만 주려고 하는 사람이 있어. 그 사람은 아마 곧 회사에서 쫓겨날 거야.

지금은 경제 시대야. 따라서 경제성이 낮거나 생산성이 떨어지는 사람은 버림받을 수밖에 없지.

이런 이유로 두 번째가 경제성과 생산성이 높은 사람이야. 즉 몸은 빠르고 마음은 안정된 사람이지.

세상은 이런 사람을 '프로'라고 불러.

이를테면 프로 요리사에게는 주문이 자꾸 밀려드는데, 그들은 아무리 바빠도 음식을 척척 내놔. 그들은 칼에 손이 베이지도 않고, 설탕과 소금을 착각하지도 않지.

그리고 프로축구선수들도 몸은 빠르게 움직이지만 판단은 냉철하게 해. 긴박한 상황 속에서 냉철하게 몸을 움직이면서 정확한 슛을 차지.

프로는 이렇게 모순된 면을 가지고 있어.

이 시대의 매력은 이런 모순된 면이 필요해.

자신이 좋아하는 것만 해서는 안 돼. 개인적인 취향은 아무래도 상관없어. 상대방의 생각이 중요하기 때문이야.

이제 이런 시대가 온 거야. 그건 어쩔 수 없는 사실이지.

이런 세상이 싫어도 받아들여야만 해.

전쟁 시대에는 아무리 전쟁이 싫어도 나가서 싸워야만 했어.

경제가 싫어도 어쩔 수 없어. 경제를 모르면 실패하게 되어 있어.

경제가 너무 싫어서 죽음을 선택한다 해도 세상은 달라지지 않을 거야. 나 하나의 죽음은 세상에 어떠한 영향도 못 끼치거든.

지금은 경제 시대라는 것을 받아들이고, 그 안에서 어떻게 해야 나다운 행복을 찾을 수 있을지를 생각해야만 해."

7

남에게 이용당해야
비로소 돈이 생긴다

다음으로 소개할 내용은 사업이 잘되는 방법, 회사에서 출세하는 방법에 관해서 사이토 히토리 씨가 말한 '끓는점' 이야기다.

끓는 점을 높이면 사업가로서의 매력, 직장인으로서의 매력이 올라간다는 이야기다.

"다 알다시피 물은 100℃가 되면 끓어.

그런데 우리가 장사하는데 40%만 바쁘고 나머지는 한가하다고 해봐.

즉 40%만 일하면 되는 지금 나의 온도는 40℃인 거야.

그러나 40℃는 끓는점이 되지 않아. 40℃로는 기차를 움직일 수 없지.

그래서 우리는 온도를 100℃로 만들어야 하는 거야.

우리의 온도가 40℃일 때, 손님이 오면 따뜻한 허브차를 내올 수 있다고 해보자. 꼭 허브차가 아니어도 돼. 손님에게 마실 걸 대접할 수준만 되면 돼.

이 정도 수준이 되었다면 온도를 10℃ 더 올리는 거야. 그럼 50℃가 됐겠지.

50℃일 때는 허브차를 내오면서 손님과 대화할 수준이 돼. 그러면 이제 10℃를 더 올리는 거야.

이렇게 조금씩 조금씩 내 온도를 100℃까지 끌어올리는 거야. 그러면 기관차는 달리기 시작할 거야.

그랬더니 말이야, 이번에는 베테랑 미용사가 있다고 해 봐. 베테랑 미용사란 혼자서 두 사람 몫의 일을 하는 사람을 말해.

이건 이득이 아니라 오히려 그 반대야.

냄비에 물이 두 배로 늘어나면 어떻게 되지? 끓는 데 시간이 오래 걸리잖아.

만약 베테랑 미용사가 있는 가게에 손님이 10명 온다 쳐. 그러면 냄비에 물은 10배로 늘어난 거니까 물 끓이기는 10배나 더 힘들어지는 거겠지.

이처럼 물이 많으면 많을수록 냄비 속의 온도는 내려

갈 거야. 그리고 끓는 데 시간이 많이 걸리겠지.

그러면 어떻게 해야 할까?

냄비를 작게 만들어야 해. 냄비가 작으면 물은 금방 끓잖아.

매장을 넓힌다는 건 이런 의미야.

사람들은 손님이 많아지면 매장을 확장하잖아.

베테랑 미용사가 돼서 조금 바빠지면 '조금 쉬고 싶어서 일주일 동안 해외여행 다녀오려고요.'라며 주제넘은 말을 하곤 해.

이건 순전히 말장난이야.

해외여행을 가는 것은 좋아. 하지만 좋은 방법이 있어. 무작정 '해외여행을 가겠습니다.'라고 말하는 것이 아니라 파리에 이런저런 패션쇼가 있는데 거기서 내가 메이크업을 담당하게 돼서 다녀오겠다고 말하는 거야.

그러면 손님은 베테랑 미용사라 그런가 정말 바쁘시구나 하고 생각할 거야.

그런데 그것을 그냥 일주일 동안 해외여행을 가겠다고 말하면 불난 집에 부채질하는 것이 아니라 찬물을 끼얹는 꼴이 되는 거야.

그래서 바빠야 하는 거야. 손님은 바쁜 가게로 몰리게

되어 있어.

그래서 끓는 점을 올려야 하는 거지. 끓는점을 올리면 기적이 일어날 거야.

직장인도 마찬가지야. 100℃가 되면 좋아.

사람들은 흔히 좋은 일자리가 없다고 말해.

'좋은 일자리'란 대부분 한가하고, 연봉이 높고, 휴가까지 많은 회사라고 생각하지. 하지만 그렇게 마음대로 일하다간 금방 해고당할 거야.

그러니까 이미 바쁘더라도 조금만 더 힘을 내보는 거야.

그리고 그 바쁜 시간을 숨기면 안 돼. 바쁘다는 걸 어필해야만 해.

한가해 보이는 행동을 하면 안 돼. 아니, 한가하게 있으면 안 돼.

'제가 할 일이 더 없나요?'

이렇게 묻는 사람은 직장인이든 사업가든 성공하게 되어 있어.

그런데 내 친구 중에는 남에게 이용당하는 걸 싫어하는 녀석들이 있어. 그리고 나는 그들에게 이렇게 말해.

'괜찮아. 걱정하지 마. 넌 이용할 가치가 전혀 없으니까.'

어른의 사회라는 것은 남에게 이용당해야 비로소 돈이

생기는 거야. 이용당하길 거부하는 녀석은 이용할 가치가 없어.

중학교 일진이라면 '빵 사와!'라고 말할 테지만, 어른의 사회에서는 '월급만큼 일해.'라고 말해.

이 세계에서 거저 일하는 것은 없어. 특히 사회로 나오면 거저 얻어지는 일은 전혀 없지.

그러니까 이용 가치를 얼마큼 높이는지가 중요해. 매력을 붙이면 이용 가치가 올라갈 거야.

그래서 이용 가치가 올라가는 걸 즐겨야 해."

8

멋지게
살아야 한다

　　지구상에는 여러 가지 매력 요소가 있다. 그 요소를 어떻게 생각하는지는 사람마다 다르지만, 사이토 히토리 씨는 매력을 높일 때 기준으로 삼아야 하는 것이 있다고 말했다.

　그것은 '멋지게 살아가는 것.'이다.

　"멋지게 살라는 것은 겉을 꾸미라는 뜻이 아니야.

　우리는 자기 잘못을 남 탓으로 돌리는 사람을 멋있다고 생각하지 않잖아?

　그것보다는 후배가 잘한 일은 후배 덕분이라고 상사에게 솔직하게 말하고, 후배가 잘못한 일은 '제 책임입니다.' 하고 감싸주는 사람을 멋있다고 생각하잖아. 이것은 위에서 보든 아래에서 보든 정말 멋진 사람이라고 생각해.

자신의 인생을 영화로 만들었을 때 멋진 주인공이 될지 아닐지는 본인에게 달려있어.

사람은 반드시 멋져야만 해. 사람들은 멋진 사람을 따르게 되어 있어.

직장인에게도 멋진 삶이 있어.

물론 장사꾼에게도 멋진 삶이 있지.

이를테면 우리가 채소 가게 주인이라고 해봐. 그런데 우리 가게 옆에 마트가 생긴 거야.

그때 '마트가 생겼으니까 우리 가게는 더 이상 장사가 잘되지 않을 거야.'라고 생각하면 안 돼.

'마트가 생겼어도 나는 최고의 상품으로 손님을 맞이할 거야.'라는 의지를 보여줘야 해. 우리는 이렇게 생각하는 주인을 보고 멋있다고 할 거야.

당연한 말이지만, 멋있는 주인은 성공할 수밖에 없어.

대부분 화교들이 그래. 근처에 중화요리점이 생기든 뭐가 생기든 다 이웃으로 만들어. 그리고 서로 도와가면서 경쟁을 하지. 이들은 경쟁자지만 서로를 도와줘.

이렇게 하나둘 화교들이 모이면 그들은 차이나타운을 만들어. 거기가 관광지가 되면 전국각지에서 비행기를 타고 버스를 타고 관광객이 모여들지.

그런데 일본인은 화교처럼 생각하는 사람이 거의 없어.
같은 지역에 경쟁업체가 생기는 것을 싫어해.

건방진 말이라서 미안하기는 하지만, 일본인처럼 생각
하는 상인은 내 눈엔 별로 멋있어 보이지 않아.

A라는 가게에서 어떤 상품을 200개밖에 못 팔았어도,
주변에 그 상품을 200개 판 가게가 다섯 집 있다면 그
거리는 그 상품의 지명도가 올라갈 거야. 그러면 당연히
많은 손님이 찾아오겠지.

그런데 일본인은 동종업계가 내 가게 근처에 생기는 것
을 싫어하니까 유대인이나 화교처럼 될 수 없는 거야. 그
래서 세계로 나아가지 못하는 거지.

이 쩨쩨함이 사람을 가난하게 만들어.

자신의 불씨를 스스로 꺼버리는 거니까 말이야.

그것보다는 서로 공생하는 것이 좋아. 공생하고, 경쟁하
고, 도와주고.

요코하마의 차이나타운에도 이렇게 공생하고 경쟁하고
서로 도와주며 사는 사람들이 있어. 그들은 아주 사소한
것도 져주지 않아.

'죽만큼은 우리가 일본에서 제일이지.'라고 말해. 그리

고 반드시 옆에 경쟁상대를 만들지.

그래서 '마루칸'의 기준도 '멋 정도 부리자.'야.

멋있게 잘살자는 뜻이지. 인생은 한 번뿐이잖아.

뭐든지 독점하려고 하지만 장사꾼에게는 독점 따위는 없어. 보호도 받지 못하지.

상인을 보호해주는 건 경찰이나 은행 정도야. 하지만 은행도 믿을만한 곳은 못 되지.

사람들은 정치나 국가가 국민을 보호해주지 않는다고 불만을 말하지만, 지금까지 국가가 상인을 위해 무언가를 해준 것은 없어.

입버릇처럼 정치가 글렀다고 말하는데, 정치는 역사가 시작된 이래로 한 번도 좋았던 적이 없어. 굳이 말하자면 지금이 제일 좋은 시기일 거야.

옛날에는 뚜렷한 나라도 없었고, 모두 아무 땅에서 밭을 갈며 먹고 살았어.

나라는 도로를 만들어주었다고 우리에게 말하지만, 그것들은 전부 우리의 세금으로 만든 거잖아. 그리고 도로가 생기기 전부터 그 길은 원래 있었던 거고.

나라는 국민의 생명과 재산을 책임지고 있어. 하지만 우리는 나라에게 맡긴 기억은 없지.

국가와 정치는 우리에게 무엇을 해주지 않아. 우리 국민에게 부탁할 뿐이야. 그런 나라에서 무언가를 기대한다는 것은 쩨쩨한 일이겠지.

상인에게는 정해진 수입이 없어. 한평생 벌이를 혼자 책임져야 해.

이것이 상인이 가져야 할 생각이야. 그리고 정치가에게도 관료에게도 의지하면 안 돼. 이것이 멋지게 사는 방법이야."

9

장사도 매력적인 사람이
성공한다

　　사이토 히토리 씨가 매력적이라고 말하는 사람은 여럿 있다. 지금 소개할 이야기에 나오는 구로다 요시타카*가 그중에 한 명이다.

　이 이야기는 짧지만, 매력에 관한 다양한 요소가 들어 있다.

"전국시대에 구로다 요시타카라는 무장이 있었어.

　구로다는 세키가하라 전투 때 아들에게 군대를 물려주고 자신은 은거 생활에 들어갔지.

---

*　1546~1604. 센고쿠 시대의 무장이다. 도요토미 히데요시의 제갈공명이라는 별명이 붙을 정도로 당대 일본 최고의 책략가로 이름을 떨쳤다.

그러고 얼마 후 구로다는 지금까지 모은 돈을 다 털어서 은퇴한 무사들을 고용해 다른 군대를 만들었어.

구로다의 부름을 받고 모인 무사들은 그들이 줄 선 순서대로 돈을 받았어. 그런데 돈을 더 받으려고 줄을 두 번 선 무사도 있었지.

보통 이럴 땐 '이런 뻔뻔한 놈!' 하고 화를 내잖아.

그런데 구로다는 자신의 부하에게 '두 번 줄 선 것을 눈감아 주겠다.'라고 말했어.

사실 그는 훌륭한 무사였지만 오랜 방황 끝에 창과 갑옷을 저당잡힌 상황이었지. 구로다는 그런 사람에게 수치심을 안겨줄 수 없었던 거야.

그러자 무사들은 '구로다를 위해 목숨을 마치겠다.'라며 의기투합을 했어.

다른 군대들은 이렇게 사기가 높은 구로다의 군대를 무서워했지. 세키가하라 전쟁이 끝난 후에도 상대편 군대는 구로다의 군대가 공격해오지 않을까 항상 의심했다고 해.

너무 의심하니까 구로다는 이런 말을 했어.

'나는 이미 나이가 많아서 더는 전쟁할 힘이 없다. 하지만 이렇게 계속 의심한다면 내 군대와 도요토미 히데요시에게 준 군대를 모두 데리고 공격할 것이다. 만약 그렇게

된다면 네 목숨은 무사할 수 없겠지. 그런데도 계속 의심을 한다면 언젠가 네 목숨을 가지러 꼭 가겠다.'

이 말을 들은 이후로 상대편도 더는 의심하지 않았대.

구로다에게는 매력이 있어. 상대편에게 계속 의심받는다는 것은 그만큼 훌륭한 사람이라는 증거야.

하지만 믿어준 사람을 배신해도 비웃음만 사는 사람이 있어.

사람은 말 한마디로 나쁜 사람이 될 수 있어. 반대로 착한 사람이 될 수도 있지.

상대방의 말에 냉정하게 맞서거나 함부로 구는 사람은 매력이 없어. 또한 강한 말로 남을 상처 주는 사람도 매력이 없지.

그래서 구로다에게는 매력이 있는 거야. 그의 말에는 흡입력이 있잖아.

덤프트럭만큼 힘이 세도 마음속에는 보살이 있어야 해. 그러면 트럭이 하늘을 나는 기적이 생길 거야.

트럭에 날개를 달아주는 사람에게는 친절함이 있어. 친절함이 있으니까 매력이 있는 거야. 매력이 있으니까 사람이 모이고, 멋져지는 거지.

그리고 매력 있는 사람을 이길 수는 없어.

하지만 매력이라는 것은 사람과 관계없어. 내가 매력 있다고 해서 남을 무시할 필요는 없어.

남을 무시한다거나 비난하는 것은 그 자체로 정말 매력이 없는 거야.

남자는 누군가에게 무시당했을 때 승부욕이 생기기도 해. 하지만 나는 사람을 무시하는 걸 싫어해. 무시는 절대 좋은 게 아니야. 복수심만 만들어줄 뿐이지.

그래서 나는 내가 나를 무시해. 그렇게 나를 자극해서 위로 올라가는 게 좋기 때문이야.

매력은 한참 뒤에 빛을 발하는 경우도 있어.

그러니까 포기하지 말고 매력을 찾아봐. 매력에는 한계가 없거든.

이것을 알면 장사든 뭐든 다 잘될 수 있을 거야.

불황과 상관없이 부지런히 움직이다 보면 매력이 있는 것과 없는 것을 분간할 수 있게 돼. 어찌 되었든 사람은 입고 먹고 사야 하잖아. 불황이라고 돈을 전혀 안 쓸 수는 없어.

다만 지금까지는 그저 그런 사람도 회사에 들어가고, 그저 그런 가게도 장사를 할 수 있었어. 그게 버블 경기야.

버블 경기가 끝나고 불황이 시작돼도 기초가 튼튼한

곳에는 일이 들어오게 되어 있어.

　　그래서 불황은 자영업자를 성숙시켜주지.

　　지금은 장사도 매력적인 사람이 성공하는 시대야.

　　참 좋은 시대라고 생각하지 않아?"

제2장

·

언제 어디서든
최선을 다해야 한다

1

너무 완벽을 추구해서는
안 된다

"인간의 그릇이란 무엇인가요?"

이전에 우리 회사 직원이 사이토 히토리 씨에게 물은 질문이다.

그때 그가 한 대답을 소개하겠다.

"세상에는 '완벽'이라는 것이 있어.

하지만 완벽을 기대하면 인간의 그릇은 작아져.

이를테면 방은 원래 평평하잖아. 그 평평한 방은 조금 더 평평하게, 완전히 평평하게 만들려면 타일 한 장을 온전히 깔기도 버거울 거야.

완벽을 기대하면 기대할수록 방은 작아질 수밖에 없어.

아마 사람이 들어가지 못할 만큼 방은 작아질 거야.

심한 경우에는 방 주인도 들어갈 수 없게 될지도 몰라.

평평하다는 것은 간토평야*를 떠올리면 상상하기 쉬워.

간토평야는 대충 보면 평평하지만, 그 안에는 산도 있고 골짜기도 있어. 하지만 대충 보기에 평평하니까 거기서 사람이 살 수 있는 거야.

즉 널따라면 되는 거야.

완벽을 너무 추구하다 보면 본인도 괴롭고 주변도 힘들어져.

사람은 대부분 자신을 아름답게 갈고닦아. 살면서 이런저런 모가 생기는데, 그 날카로운 부분을 깎아서 아름답게 만드는 거야.

날카로운 부분이 있으면 당연히 찔리겠지. 그래서 다른 누군가를 찌르고 상처 줄까 봐 날카로운 부분을 깎는 거야.

하지만 일본 지도를 봐봐. 이를테면 시모키타 반도**는 도끼처럼 생겼잖아. 나도 시모키타 반도 끝까지 가봤지만, 이곳에 찔려서 죽은 사람은 한 명도 본 적이 없어.

---

* 일본 간토 지방에 펼쳐진 평야로, 면적은 약 17,000km²으로 일본 최대 규모이다.

** 혼슈 북쪽 끝에 있는 반도

내가 무슨 말이 하고 싶냐 하면, 큰 사람이 되라는 거야. 작은 부분을 다듬기보다는 크게 만들라는 거지. 그러면 찔릴 일은 없어.

그리고 그릇도 크면 클수록 좋아.

내 그릇이 커졌을 때는 후배의 의견에도 귀를 기울일 수 있어.

'모두 좋은 의견 있으면 말해봐.'라고 후배들에게 말하면 다양한 의견이 나오잖아.

좋은 의견이 나왔다면 그것을 받아들이면 돼. 받아들였다는 것은 내 생각도 그것과 마찬가지라는 뜻이니까 말이야.

그리고 그 의견은 후배들의 입을 통해서 나오기는 했지만, 우리 모두의 지혜이기도 해.

다들 그렇게 생각하면 좋을 거야.

다 같이 만들어 낸 지혜라고 말이야.

'저 녀석은 좋은 생각을 냈는데, 난 왜 안 나오는 거지.'

이렇게 속 좁게 생각하면 안 돼.

그리고 그릇이 큰 사람은 사장이 좋은 아이디어라고 칭찬해줄 때 '사실 그건 제 생각이 아니라 후배가 낸 아이디어입니다. 그 친구는 뛰어난 인재입니다.'라고 말해.

이것이 그릇이 큰 사람이야.

그리고 만약 그 프로젝트가 실패했을 때는 그 후배를 탓하지 않고 '최종 책임자는 나니까 내가 책임질게.'라고 말하지.

이렇게 용기 있게 말하는 사람에게는 사람이 따르게 되어 있어.

정말 멋진 사람이지.

멋지다고 말했지만, 이것은 남자를 뜻하는 말도 여자를 뜻하는 말도 아니야.

이 사람의 삶이 멋있다는 거야. '멋있음'은 남녀를 따지지 않지. 그리고 이렇게 멋있는 사람에게는 사람이 따를 수밖에 없어.

멋진 사람은 인생의 의기를 느끼게 해줘. 누구나 의기를 느끼면서 살고 싶어 해.

하지만 의기를 느끼게 해주는 사람이 없으면, 어디서 의기를 느껴야 할지 알 수가 없지.

의기를 못 느끼게 해줘도 사람은 따를 거야. 자신이 먹고 살아야 하기 때문이지.

그러나 그런 관계는 서로가 피곤하니까 멈추는 게 좋아.

인간은 능력이 전부가 아니잖아.

우에스기 겐신*은 몇만 군대를 지휘했지만, 그가 가장 강했던 건 아니야. 우에스기 아래에는 수많은 영웅이 있었어. 그 영웅이 고개를 들지 않은 이유가 뭘까? 바로 그릇의 크기야.

용감한 장수 아래에 약한 병사 없고, 강한 군대 아래에 약한 군인은 없는 법이야.

이게 무슨 말인가 하면, 내가 강한 걸 알았다면 거기서 끝이라는 거야.

우리 군대가 강해졌다는 것은 내가 강해졌다는 뜻이기도 해. 그러니까 부하의 공훈까지 내가 뺏을 필요는 없는 거지.

위에 선 사람은 기량이 뛰어나고 지혜가 밝아서 혼자 있을 때가 많아. 결국은 그릇의 크기와 매력이 문제인 거지. 그릇이 크고 매력이 있으면 사람은 따르게 되어 있어.

나는 장기를 둘 때 항상 져. 왜 지는가 하면 나는 내가 대장이라고 생각해서 병을 제치고 항상 궁을 먼저 내보내는 거야. 병 뒤에 궁이 숨어있어야 하는데 그러지 않으니 항상 질 수밖에.

—

* 1530~1578. 전국 시대의 무장

하지만 장기와 실전은 완전히 달라. 대장이 부하 뒤에 숨어있으면 어떻게 될까? 그런 대장은 아무도 따르지 않을 거야.

대장이 맨 앞에 서도 상대편 부하는 대장을 죽이지 못해. 이렇게 겁먹지 않고 앞에 서니까 모두가 그를 따르는 거고, 그래서 전쟁에서 이길 수 있는 거야.

그러니까 맨 앞에 나서야 해.

총알이 날아오는 곳으로 대장이 가면 부하도 그를 따라갈 거야. 그래서 총에 맞지 않는 거야.

돌격할 때는 어딘가에 숨어있겠지. 그리고 '돌격!'이라고 외쳤을 때 일제히 나가는 거야. 그것이 총에 맞지 않는 비결이야.

무서워서 자꾸 뒤로 도망가니까 총알에 맞는 거야.

적이 언제 올지 몰라 망을 보고 있지만 마음은 이미 해이해졌고, 돌격해야 할 때는 주춤하지. 그래서 겁쟁이들이 총에 맞는 거야.

총알은 아무에게나 날아오지 않아. 총에 안 맞을 사람은 안 맞게 되어 있어.

만약 총에 맞았다면 그것이 본인의 수명인 거야.

수명이 다할 때까지는 죽지 않아. 위험한 곳에 가서 죽

은 게 아니야. 죽음은 수명이 다했을 때 와. 그래서 수명
이 다할 때까지는 죽지 않아.

　목숨은 그런 거야. 그러니까 겁먹지 말고 앞으로 앞으
로 나아가는 게 좋아."

2

사람은 누구나
자기 중요감을 갈망한다

사이토 히토리 씨는 이렇게 말했다.

"사람은 자기 중요감을 느끼게 해주는 사람을 좋아해."

그럼 '자기 중요감'이란 무엇일까? 그것은 '나는 소중한 존재'라고 생각하는 것이다.

그리고 자기 중요감을 채워주는 사람은 점점 매력적으로 변한다.

"사람은 '자기 중요감'을 갈망해.

갈망…… 그래, 굶주려있는 거야. 그 정도로 사람은 자기 중요감을 원해.

부자가 되고 싶다, 혹은 좋은 대학에 가고 싶다는 것도 자기 중요감을 채우기 위한 바람이야.

그리고 사람은 자기 중요감을 채워주는 사람을 좋아해.

싫은 사람이란 자기 중요감에 상처를 내는 사람이야.

이를테면 내 험담을 하거나 내가 가진 것을 하찮게 생각하는 사람이 있어. 이렇게 자기 중요감에 상처 주는 사람은 미움을 받아.

그런데 왜 그런 짓을 하는 걸까?

남의 중요감에 상처를 주면, 상대적으로 내 가치는 올라가고 상대의 가치는 내려간다고 생각하기 때문이야.

만약 친구 중에 좋은 대학에 합격한 사람이 있다고 해봐. 그때 '대단한데, 축하해.' 하고 솔직하게 말하면 자신의 중요감이 떨어지는 느낌이 들지.

그래서 일부러 옛날얘기를 꺼내는 거야.

'저 녀석 좋은 대학에 들어갔어도 중학교 땐 공부도 못하고 찌질했었어.'

이런 식으로 남의 중요감을 떨어트리면서 자신의 중요감을 높이지.

그리고 회사에서는 자기 중요감만 주장하면서 자기 멋대로 구는 사람도 있어.

이를테면 휴가를 가거나 퇴직할 때 남은 사람을 골탕먹이려고 일부러 일을 어렵게 만들어 놓는 사람이 있어.

그러고는 역시 내가 없으니까 회사가 안 돌아간다며 자기 중요감을 주장하지.

하지만 이런 사람은 결국 대접을 못 받아.

상대에게 좋은 일이 생겼을 때는 반드시 축하를 해줘야 해.

내가 없어도 회사가 잘 운영될 수 있도록 준비를 해놔야 해.

그리고 좋은 아이디어는 아낌없이 주변에 줘야 하고.

자기 중요감은 이렇게 해야 올라가는 거야. 자기 중요감을 스스로 채우는 방법은 이것밖에 없어.

사람은 누구나 자기 중요감을 갈망해. 그래서 나뿐만 아니라 남의 중요감도 채워줘야 하는 거야.

회사에서 아무리 잘나간다고 해도 자기 중요감만 고집하면 안 돼.

자신의 중요감을 주장하기보다는 다른 사람의 중요감을 채워줘야 해.

이를테면 회사 사장에게 이렇게 말해봐.

'사장님 덕분에 이렇게 좋은 직장에 들어올 수 있었습니다. 게다가 월급까지 잘 챙겨주셔서 제 가족 모두가 사장님께 감사해하고 있어요.'

그러면 사장은 기분이 좋아져서 그 사람을 더 아껴줄 거야.

윗사람의 중요감을 채워주기는 비교적 쉬워. 그러니 윗사람을 대상으로 먼저 연습해보면 좋을 거야.

이것이 점점 습관이 되면 나와 아무 상관 없는 사람이나 이해관계가 전혀 없는 사람에게도 할 수 있게 돼.

이를테면 버스를 탔을 때 기사분에게 웃으면서 이렇게 말할 수 있어.

'오늘도 수고 많으십니다. 더운데 고생하세요.'

그리고 회사 화장실 청소를 해주시는 분에게는 이렇게 말할 수 있지.

'덕분에 매일 깨끗한 화장실을 쓰고 있네요. 고맙습니다.'

이렇게 다른 사람의 중요감을 채워주면 나는 마음이 넓은 사람, 매력적인 사람으로 보이게 돼.

'저 사람 참 좋은 사람이네.'라는 말을 듣게 되지.

바라기만 하는 사람에게는 끝이 없어.

자기 중요감을 바라도 중요감은 손에 들어오지 않을 거야.

자기 중요감은 먼저 베풀어야 내 손에 들어와.

하지만 자기 중요감이 없는 사람은 남에게 그것을 베풀

수도 없어. 내가 가진 돈이 없으면 남에게 돈을 빌려주지 못하잖아. 그것과 같은 이치야.

나에게 중요감이 있으니까 남에게 베풀 마음도 생기는 거야.

사람은 자기 중요감이 없으면 내 중요감을 높이기 위해서 약한 사람의 중요감을 빼앗아버려.

윗사람에게는 굽신거리면서 아랫사람에게는 '맨날 이런 바보짓이나 하고, 도대체 몇 번을 말해야 알아듣겠어!' 라며 화를 내.

이렇게 회사에서 상사에게 혼나면 집에 들어가 아내에게 잔소리를 퍼붓게 되는 거야.

그리고 아내는 화난 남편에게는 아무 말도 못 하고 있다가 나중에 아이들을 혼내겠지.

화는 이렇게 아래로, 아래로 내려가.

왜 이런 현상이 일어나는지 알아? 그것은 자기 중요감이 없어서야. 나에게는 자기 중요감이 없으니까 나보다 약한 사람의 중요감을 빼앗고, 나보다 약한 사람의 중요감에 상처를 내는 거지.

남의 중요감에 상처를 내면서 자신의 중요감을 높이려고 하는 사람은 절대 좋은 소리를 못 들어.

그래서 나의 중요감을 먼저 채우는 게 우선이야.

그러고 나서 다른 사람의 중요감을 채워줘야 하는 거지."

3

60%는 이상적이고
50%도 충분하다

누구에게나 사랑받는 사람이 매력적인 사람인 걸까?

이 물음에 사이토 히토리 씨는 이렇게 답했다.

"'유대인 법칙' 혹은 '78 대 22 법칙'이라는 것이 있어.

이것이 무엇인가 하면, 이 세상에서 인간이 할 수 있는 최대치는 78%라는 거야.

이를테면 '마루칸' 사람들은 자신의 매력을 충분히 어필하지만, 세상에는 나를 싫어하는 사람도 있어.

유대인의 법칙으로 말하면, 나를 좋아해 주는 사람은 최대 78% 정도야. 그리고 나머지 22%의 사람은 나를 싫어하지.

그래서 78% 만족하는 게 최고야. 그 이상을 바라면 안 돼.

하지만 사실은 60% 이상도 바라면 안 돼. 최고는 78% 이지만 항상 최고는 될 수 없거든.

회사에서도, 여자친구나 남자친구에게도, 그 외 다른 사람에게도 70%나 80%를 바라면 모두가 힘들어져.

100%의 직원이 되겠습니까?

100%의 상사가 되겠습니까?

100%의 인간이 되겠습니까?

그럴 수 없잖아. 나도 100%는 못 돼.

내가 할 수 없는 것을 다른 사람에게 바라서는 안 되는 거야.

민주주의는 51대 49야. 51%가 됐다면 그것은 국민의 공통된 의견이지. 100%를 만들 순 없어.

그래서 나는 60%는 이상적이고 50%도 충분하다고 생각해.

인생을 너무 낮게 봐도 안 되지만, 너무 높게 바라보면 결국 나 자신만 힘들어져. 그래서 50%나 60%도 '최고'라고 생각하는 거야.

사람의 마음에는 100%는 없어. 세뇌당하지 않는 한

자유롭게 있으면 되는 거야.

그리고 50%가 되어도, 60%가 되어도 만족해하는 사람이 최고라고 생각해.

나는 한때 일을 좀 쉬고 싶었어. 나도 사람이잖아.

인간은, 남자라면 한 번쯤은 예쁜 여자와 사랑을 나누고 싶고, 일이 힘들 때면 다 그만두고 훌쩍 떠나고 싶기도 하지. 하지만 그렇게 할 수는 없고. 그러니까 생각만 하는 거야.

그런데 생각만 하는 것도 꽤 좋아. 생각만으로도 마음이 편안해지잖아.

그리고 우리에게는 그 생각을 멈출 용기도 있어. 우리에게는 관념이 있지만 그것을 끊을 용기도 있어.

그러니까 적당한 선에서는 생각을 해도 돼. 생각해도 결국 못 하는 게 많을 테니까.

생각조차 하지 말라고 말하는 사람도 있지만, 우리는 그 정도로 절제력이 강하지가 않아. 생각하는 것 정도는 괜찮아.

'내일 회사 가지 말까?'라고 생각해도 내일이 되면 평소처럼 출근하잖아. 이런 것도 아주 좋은 자세야. 칭찬해.

그런 걸 생각조차 하지 말라고 말하는 건 너무 심한

자유 침해 아닐까? 무슨 사상교육도 아니고……

어제 술을 너무 많이 마셔서 머리가 깨질 것 같다고 말하면서도 꾸역꾸역 회사에 나오는 사람도 많잖아. 아주 훌륭한 사람들이지.

100가지 중에 불만 몇 가지 있는 건 당연해. 50%, 60%만 마음에 들어도 그것으로 충분해.

그 이상을 바라면 그 반동으로 인해 상대도 나에게 똑같은 것을 요구할 거야.

그래서 나는 너무 많은 것은 바라지 않아. '그 정도밖에 안 돼!' 하고 남에게도 나 자신에게도 함부로 얘기하지 않아.

하지만 세상에는 30%도 인정받지 못하는 사람이 있어. 그것은 피해야지."

4

매력적인 사람이 되기 위한
마음의 촛불

이 이야기의 전반부는 '마음의 촛불'에 관한 이야기다.

'마음의 촛불'은 매력적인 사람이 되기 위해서는 필수불가결한 것이라고 사이토 히토리 씨는 말했다.

"이미 돌아가신 지 오래됐지만, 테레사라는 수녀가 있었어. 그녀는 인도 오지로 가서 죽음을 앞에 둔 사람들을 정성껏 돌봤지.

그 모습을 본 사람들은 그녀에게 이런 질문을 했어.

'이 사람들은 곧 죽을 텐데 왜 그렇게 열심히 간병을 하나요?'

열심히 간병해 봤자 무의미하다는 식으로 말이야.

하지만 그녀는 자신의 행동을 무의미하다고 생각하지 않았어.

이 사람들은 불행하게도 축복받지 못해서 여기까지 왔지만, 죽기 직전에라도 애정을 쏟아서 열심히 보살피면 자신의 삶을 '좋은 인생'이었다고 생각하며 떠날 거라고 했지.

그 마음을 담아 영혼을 고향으로 돌려보내고 싶다고 생각한 거야 그녀는.

실제로 우리는 죽기 3일 전의 사람을 만날 기회가 거의 없어. 그래서 지금 우리 주변에 있는 사람에게 애정을 쏟아야 해. 그리고 그 사람들의 마음에 촛불을 켜줘야지.

'나에게는 남에게 나눠 줄 사랑이 없습니다.'

이렇게 말하는 사람도 있는데, 그것과는 달리.

우리 인간은 신의 사랑과 빛으로 만들어졌어.

그래서 누구에게나 사랑은 있지. 다만 그걸 모를 뿐인 거야.

사랑으로 엄청난 것을 하라는 말이 아니야.

그저 '태어나줘서 고마워.'라고 말하면 돼. 사랑은 이런 거야.

하늘은 파랗고, 꽃은 피고, 적당히 비도 내리고, 우리가 사는 곳은 최고의 장소야.

조금만 일찍 태어나도 힘들었을 거야. 그 시절에는 하늘에서 폭탄이 떨어졌잖아. 지금 하늘에서 떨어지는 건 비밖에 없으니 얼마나 다행이야.

메이지 시대에 태어났다면 정말이지 큰일이었을 거야. 그 시절에는 기생으로 팔려나가는 여자가 절반은 됐었거든.

하지만 그런 시대에도 기생촌에 가서 놀던 사람들이 있어. 기생으로 팔려갔다는 것은 기생을 산 사람도 있었다는 뜻이잖아. 기생을 산 사람 모두가 나쁘다는 건 아니야.

우리가 사는 지구에는 생각이 다른 사람들도 서로 사이좋게 지내고는 해.

모두 놀라울 만큼 생각하는 것이 달라. 개성도 다르고. 그것은 신이 우리에게 준 것이라서 나쁜 것이 아니야. 옳고 그름도 아니고.

즉 나도 행복하고 너도 행복하면 그만인 거야.

하지만 이런 말은 내가 행복할 때 말할 수 있어.

불행한 사람은 자기를 왜 낳았냐고 말하지. 누가 태어나게 해달라고 했냐면서.

하지만 그런 말을 할 필요는 없어. 어쩌면 우리는 모두 부모를 선택한 것일지도 몰라.

얼굴이 어떻든 스타일이 어떻든 다 괜찮아. 그 얼굴, 그 스타일, 그런 부모가 좋아서 태어난 거야.

그러니 지금의 나로 승부할 수밖에 없어.

'키가 10cm만 더 컸더라면.'

이렇게 말해도 키는 더 이상 안 자라니까 어쩔 수 없어. 위안은 나보다 키 작은 사람을 찾는 방법밖에 없어.

그러지 말고 행복에 눈을 돌려봐. 자신의 인생을 불행하다고 생각하면 언제까지나 행복해질 수는 없어.

내 마음 하나에도 불을 못 켜는데, 다른 사람의 마음에는 어떻게 불을 켜줄 수 있을까? 절대 켜줄 수 없어.

내가 많이 가졌다는 것을 모르니까 불안하고 화나고 괴로운 거야.

인간은 이렇게 불안하고 화나고 괴로울 때 독을 뿜어내.

아무리 장사가 잘돼도 부부 사이가 나쁘면 표정이 말해줘. 그러면 종업원은 불안해하고, 결국엔 독이 나올 거야. 그 독은 당연히 가게 분위기를 무겁게 만들겠지.

가게를 찾은 손님은 '왜 이렇게 칙칙하지? 뭔가 기분 나쁜 분위기야.'라며 재빨리 용건을 마치고 서둘러 나올 거야.

이런 것을 전복 따기 현상이라고 불러. 해녀를 떠올려봐. 해녀는 바다에 들어가 전복을 따다 바다를 즐길 여유도 없이 서둘러 나와버리잖아.

이렇게 분위기가 어둡고 칙칙한 가게는 두 번 다시 가지 않으려고 할 거야.

태어나길 잘했다고 생각하고, 지금이 최고라고 생각하면 마음에 촛불이 켜져. 그리고 그 촛불은 다른 사람의 마음으로 번지지.

모두 지금이 어두운 밤이라고 생각하니까 밝은 곳을 찾는 거야. 내 마음에 촛불을 켜준 그 사람을 다시 만나고 싶어 하지.

관광여행이 뭔지 알아? 옛날에는 유명한 절에 있는 부처님을 보러 가거나 마음의 소리를 맑게 해주는 것이 관광이었어.

우리가 누군가의 마음의 소리를 맑게 해주면, 그 누군가에게 있어서 우리는 관광이 되는 거야.

즉 독을 내뿜을지 빛을 켜줄지에 따라서 인간의 흡입력은 달라지는 거야.

사람은 밝은 곳에 오래 있고 싶어 해. 며칠이 지나도 그곳에 머무르려고 하지.

누군가가 내 곁에 오래 머물고 싶어 하는 것은 정말 행복한 일이야. 장삿속을 떠나서 행복해지는 거지.

나는 이렇게 말해.

'내 마음에 촛불을 켜면 그 불씨가 날아가 다른 사람의 마음에도 촛불이 켜진다.'

그래서 나는 내 부모라서 다행이라고 생각하고, 이 나라에 태어나서 다행이라고 생각하고, 이 시대에 태어나서 다행이라고 생각하며 지내고 있어."

• • •

운이 좋은 사람은
언제까지나 운이 좋다

밝고
밝게
오늘도 밝고
내일도 밝게

－사이토 히토리

5

살기 위해서라면 언제 어디서든 최선을 다해야 한다

사이토 히토리 씨에게는 나를 포함해 10명의 제자가 있다.

제자이기는 하지만 그의 회사 직원은 아니다. 우리 제자들은 각자 자기 회사를 경영하고, 히토리 씨는 히토리 씨 회사를 경영한다.

그리고 히토리 씨는 제자들의 회사 주주도 아니고 고문도 아니다. 우리 제자들은 히토리 씨의 무언가에 이끌려 알게 된 사이이고, 우리보다 조금 더 나은 삶을 사는 히토리 씨를 우리 마음대로 스승이라고 부르고 있다.

우리는 가끔 히토리 씨가 맡은 '마루칸' 일을 도와줄 뿐이다.

히토리 씨는 자신의 회사를 가지고 있지만, 회사에는

잘 나오지 않는다. 심할 때는 한 달에 한 번조차도 나오지 않는 경우가 있다.

그럼 그는 무엇을 하고 있을까?

대부분은 여행을 떠난다.

여행지에서 무엇을 하는지는 본인 이외에 아무도 모른다. 물론 제자인 우리도 모른다.

다만 '무언가 재미있는 것을 발견했나 보다.' 정도만 알고 있을 뿐이다.

그러나 여행에서 돌아오면 정해진 것이 있다.

"좋은 곳에 갔다 왔어. 공기도 좋고 음식도 끝내주더라고. 사람들도 친절했어. 언제 한번 같이 가보자고."

우리는 우리를 즐겁게 해주기 위해서 그가 여행을 떠난다고 생각한다. 이번에는 어떤 재미있는 이야기를 들려줄지 우리 제자들은 히토리 씨와 만나는 것을 기대한다.

덕분에 히토리 씨와 함께 여행을 떠나고 싶은 마음에 우리는 각자의 자리에서 열심히 일하고, 내가 없어도 일에 지장이 없도록 준비를 잘해둔다. 그러나 우리는 서로 시간이 맞지 않아 함께 여행할 기회는 좀처럼 오지 않았다.

이런 불황의 시대에 여유롭게 여행하는 히토리 씨도 히토리 씨이지만, 그 여행을 따라가고 싶어 하는 우리도 이상한 사람들이라고 생각한다.

세상의 상식으로 바라보면 그렇지만, 사이토 히토리 씨와 마루칸 사람들(이것은 긴자마루칸 사장들을 뜻한다)에게는 세상의 상식이 통하지 않는다.

"사장이 자리를 비우면 회사는 잘 돌아가지 않는다고 세상은 말하지만, 나는 그렇게 생각하지 않아.

사람은 살기 위해서라면 어딘가에서 반드시 일을 해야 해. 하지만 사장이 놀러 간 사이에 직원들도 논다면 그 회사는 금방 없어질 거야. 그러면 그 직원들은 당장 먹고 살 걱정을 해야겠지. 자신의 직장을 없애고 싶지 않다면 사장이 이러쿵저러쿵 말하지 않아도, 여행을 떠나도, 그들은 묵묵히 자신의 일을 할 거야.

감사하게도 마루칸 사람들은 그걸 잘 알고 있지. 무엇보다 그들은 사장과 상사를 위해서 열심히 일을 해줘. 사장과 상사를 존경하기 때문이야.

사장이 자리를 비우면 직원들이 일을 하지 않는다?

그건 사장이 직원들에게 인기가 없어서야. 나도 내가 인기 있는 사장인지 아닌지는 잘 몰라. 하지만 적어도 나는 직원들에게 미움받고 있지는 않는 것 같아."

사이토 히토리 씨는 겸손한 말투로 이렇게 말했지만, 우리 마루칸 사람들은 모두 히토리 씨를 매우 좋아한다.

　　그래서 그와 함께 여행을 가고 싶은 것이다.

　　그래서 '사이토 히토리 씨를 고액 납세자 1위로 만들자.'라며 우리 마음대로 사기를 넣고 있는 것이다.

　　사이토 히토리 씨의 제자 경력 30년인 이 시바무라 에미코가, 세상 사람들이 잘 모르는 히토리 씨의 진짜 모습을 폭로하면서 그의 매력을 따라가 보려고 한다.

　　다만 그것은 어디까지나 내가 본 그의 매력이다. 그 점은 양해해주기 바란다.

6

99%는 '즐거움'이고,
나머지 1%는 '성실함'

사이토 히토리 씨는 고액 납세자 순위에 들 정도로 부자다. 하지만 그는 잘난 체하지 않는다. 자사 빌딩을 사거나 대저택을 짓지도 않고, 주식도 하지 않는다.

"나는 그저 장사를 좋아할 뿐이야."

이렇게 말하며 담담하게 일한다.

그렇다고 일만 하는 것도 아니다. 히토리 씨는 놀기도 잘 논다.

여행을 같이 가면 가이드북에는 나오지 않은 명소와 그곳에서만 맛볼 수 있는 즐거움을 많이 알고 있어서 항상 우리를 놀래준다.

또한 최고급 음식이나 프랑스 요리를 먹으러 갈 때도 그럴싸하다. 이전에 그와 함께 프랑스 레스토랑에 갔었을 때 지배인은 우리에게 이렇게 말했었다.

"사이토 히토리 씨만큼 음식을 즐기시는 분은 본 적이 없어요. 게다가 음식과 와인에 대한 지식도 풍부하고요."

그러나 히토리 씨는 자신이 똑똑하다고 잘 논다고 잘난 체하지도 않고, 어느 음식을 먹었는지 자랑하지도 않는다.

히토리 씨는 자신만의 '놀이의 기본자세'를 가지고 있고, 그 자세에 맞춰서 논다.

"정식집에는 정식집에 맞는 기본원칙이 있고, 프랑스 레스토랑에는 프랑스 레스토랑에 맞는 기본원칙이 있어. 그 원칙에서 벗어나면 직원들이 열심히 만들어준 분위기를 망치게 되고, 음식점에 있는 다른 손님에게도 폐를 끼치게 되지.

그래서 나는 '고급 상품'을 파는 가게라면 나도 그에 맞춰 '고급 행동'을 해야 하고, '핫 아이템'을 판매하는 곳이라면 그에 맞춰 '핫하게' 행동해야 한다고 생각해.

하지만 이건 내 지론이라 남이 어떻게 행동하건 신경 쓰지는 않아."

사이토 히토리 씨는 이런 '기본자세'를 가지고 있다.

그래서 그는 여행할 때는 그 지역에서만 누릴 수 있는 즐거움을 찾고, 길가에서 채소를 파는 할머니를 보면 그 옆에 앉아서 대화하는 것을 즐긴다. 음식점에서 식사할 때는 가게 직원과 다른 손님에게 방해가 되지 않게 조용히 음식을 맛보고, 다 먹으면 바로 자리를 떠난다. 술집에서 회식할 때는 다른 사람에게 술을 권하지 않고, 모든 사람과 웃고 떠든다. 노래방을 가면 사람들과 즐겁게 마이크 쟁탈전을 벌인다.

진짜 사이토 히토리 씨란 이런 사람이다.

우리 '마루칸 사람'은 그런 히토리 씨를 매우 좋아한다. 이렇게 사람들과 잘 어울리고 잘 놀면서도 사업을 성공시킨 사이토 히토리 씨를 천재라고 생각하고, 그를 스승으로 생각한다.

마루칸 외부인 중에도 히토리 씨를 대단하게 생각하는 사람은 많이 있다. 그들이 그렇게 생각하는 이유는 히토리 씨가 잘난 체하지 않고, 주식도 하지 않고, 건물도 사지 않고, 오래된 맛집과 술집을 좋아하기 때문일 것이다.

사람들은 히토리 씨를 두고 대단하다, 훌륭하다고 말하지만, 본인은 정작 그렇게 불리는 것을 진심으로 싫어한다.

그래서 이 책을 쓸 때도 히토리 씨는 나에게 이렇게 말했었다.

"하나만 부탁할게. 내가 훌륭하다든가 대단하다는 말은 절대 쓰지 말아줘."

히토리 씨는 나에게 왜 이런 부탁을 한 걸까.

"나는 장사꾼이야. 그러니까 물건을 파는 거고. 장사꾼이 물건을 팔아서 돈을 버는 건 당연한 거잖아."

이게 사이토 히토리 씨의 생각이다.

그야 당연한 생각이다. 하지만 그는 그 당연한 것을 아무렇지 않게 하고 있고, 일본 최고의 고액 납세자가 되었고, 10년 연속 일본 부자 순위에 들었으니 우리가 볼 때는 대단한 것이 맞다.

그러나 그는 자신이 대단한 것을 한 게 아니라 그저 운이 좋았을 뿐이라고 말한다.

희한하게도 그렇게 겸손하게 말하면 사람은 더욱더 '훌륭하게' 보인다.

잘났는데도 잘난 체하지 않는 것이 훌륭하고, 일본 최고의 부자가 되었는데도 정식을 먹는 것이 훌륭하다.

물론 사이토 히토리 씨는 그게 정말 싫다고 말했지만……

"나는 저렴한 식당만 다니는 게 아니야. 프랑스 요리가 먹고 싶을 때는 프랑스 레스토랑도 가. 간단한 정식이 먹고 싶어서 정식집을 가는 것뿐이야.

그리고 장사꾼은 사람들에게 고개를 숙이는 게 당연해.

나보고 자꾸 훌륭한 사람이라고 하는데, 나는 그렇게 훌륭한 행동만 하면서 살지는 않아. 그건 누구나 마찬가지일 거야. 더구나 나는 장사꾼이라 더 그럴 수 없지."

겸손하다. 사업가는 이래야 한다고 나는 생각했다.

그가 '훌륭하다'는 말을 싫어하는 더 큰 이유를 나는 최근에서야 알았다.

히토리 씨는 훌륭하다는 말로, 자신을 잃어버리는 것을 싫어했다.

얼마 전 그는 이렇게 말했다.

"내 지인 중에 '사이고 다카모리*보다 마음이 넓은 사람은 없다.'라고 말하는 사람이 있어.

하지만 사이고 다카모리보다 더 큰 일을 한 사람은 얼

—

* 일본 개화기의 정치가. 1877년 세이난전쟁을 일으켰다가 패하면서 자결했다.

마든지 있지. 그런데도 그 녀석은 다카모리는 아주 훌륭한 사람인데도 불구하고 하급 무사 집에 가서 그 집 사람들과 같이 감자를 구워 먹었다며, 그것이 마음이 넓은 증거라고 떠들어.

이것이 무슨 뜻일까?

큰 사람은 작은 일을 하면 더 커 보인다는 뜻이야. 대소의 갭이 사이고 다카모리를 더 큰 사람으로 만든 거야.

나도 마찬가지야. 중학교밖에 못 나온 사람이 일본 최고의 납세자가 되었고, 그 일본 최고의 납세자가 고작 정식을 먹는다는 것을 매스컴이 떠들썩하게 보도하니까 실제의 나보다 세상에 알려진 내가 더 커 보이는 거야.

에미코는 지금 내가 한 말을 엮어서 책을 만들려고 하지? 내 이야기가 책으로 나왔을 때 사람들은 내가 항상 옳고 훌륭한 말만 하는 줄 알 거야. 하지만 난 그렇지 않아. 내가 정신 차렸을 때 가끔 한 말들이 책으로 나오는 것뿐이야. 그 책에 나온 사이토 히토리와 실제 나 사이에는 나만 알 수 있는 '미묘한 차이'가 있어.

그리고 나는 거짓으로 사는 걸 싫어해. 내 행동을 두고 훌륭하다, 훌륭하지 않다의 문제가 아니라 단순히 취향의 문제야."

그럼 실제로 사이토 히토리 씨는 어떤 사람일까?

히토리 씨는 자신을 이렇게 말했다.

"나의 99%는 '즐거움'이고, 나머지 1%는 '성실함'이야."

즐거움을 아는 사람이
매력적인 사람이다

　　　　　사이토 히토리 씨의 99%는 즐거움이다.
잘 생각해보면 이것은 정말 맞는 말이다.

　우선 '마루칸' 상품명이 그렇다.

　다이어트의 보조식품은 '쪽 빼는', 파운데이션은 '페이스 파워 파운데이션'이다. 그리고 언젠간 남성 보조식품을 만들면 그 이름은 '킹 더 킹킹킹'으로 생각하고 있다.

　얼마 전 미국에서는 미식축구 선수였던 밥 샙이 격투기 선수로 변신하면서 엄청난 인기를 끌었었다. 그것을 모티브로 '장사꾼 복서'를 만드는 게 어떻겠냐고 히토리 씨는 말했었다.

　"'장사꾼 복서'는 장사꾼이라서 근육은 별로 필요 없

어. 힘이 아니라 말발로 상대를 제압하는 거야. 주특기는 박치기야. '어서 오세요.' 하고 고개 숙여 인사하면서 박치기를 하는 거지. 그리고 아무렇지 않게 '짜잔!' 하면서 상품을 보여주는 거지. 어때? 재미있을 거 같지 않아?"

이와 관련된 이야기는 끝도 없지만, 이만 여기서 멈추겠다. 어쨌든 사이토 히토리 씨는 재미있는 사람이다. 히토리 씨와 함께 있으면 웃음이 끊이질 않고 즐겁다. 그래서 모두 히토리 씨의 세계에 순식간에 빠져든다.

그리고 정신을 차렸을 때는 모두 '히토리 월드'에 주인공이 돼서 그의 사상과 견해를 따른다.

그렇다. 우리 마루칸 사람들은 히토리 씨의 '즐거움'에 세뇌당하고 있는 것이다.

나는 요즘 세상을 보고 절실히 깨달았다. '즐거움'의 세뇌는 독재자나 리더에게 당하는 세뇌보다 매우 속도감 있고 강력하다는 것을.

"보통 세뇌당하는 데는 시간이 좀 걸려. 하지만 어떤 나라에서 수십 년에 걸쳐서 세뇌당한 사람도, 미국이나 유럽처럼 자유롭고 즐거운 곳에 가면 여기가 훨씬 좋다는 걸 금새 알 수 있게 돼. 수십 년 동안 세뇌당한 것이 한순간에 날아가 버리는 거야.

그것은 인간이 근본적으로 '즐거움'을 좋아하는 동물이라는 증거야. 좋아하니까 한순간에 즐거움에 빠져드는 거지. 그리고 그 즐거움을 한번 맛보면 더 큰 즐거움을 원하게 돼.

세뇌시키는데 시간이 왜 걸리는 줄 알아? 억지로 의식을 바꾸기 때문이야. 좋아하지도 않는 것을 억지로 좋아하게 만드니까 시간이 걸리는 거야.

하지만 한번 즐거움의 세계에 빠지면 원래 있던 곳으로 돌아갈 수 없게 돼. 억지 강요란 결국 그런 거야. 물론 세상에는 '즐거움'보다 훌륭함, 성실함을 더 좋아하는 사람도 있어. 하지만 마루칸 사람들은 즐거움을 훨씬 더 많이 좋아해.

그리고 나의 즐거움이 '즐거움을 원하는 사람'을 부르는 것뿐이니까, 내 방식이 옳다고 말할 수 없는 거야. 우리는 그저 서로 원하는 것이 맞았을 뿐인 거지.

다만 이렇게 말할 수는 있어.

즐거움을 아는 사람이 매력적인 사람이라고."

8

밑바탕이 즐겁지 않으면
뭘 해도 즐거울 수가 없다

　　　　사이토 히토리 씨가 말한 즐거움이란 우리가 흔히 생각하는 즐거움과는 거리가 좀 있다.

　이를테면 히토리 씨는 여행에서 돌아오면 언제나 '오늘 다 같이 떠나볼까?' 하고 말한다.

　그러면 우리는 그가 애용하는 국산 화물차를 타고 여행을 시작한다.

　정말 멋지다!

　그렇게 달려 도착한 곳은 전혀 유명한 곳이 아니다. 시골 밭 한가운데다.

　하지만 이상하게도 즐겁다. 달리는 도중에 길가에 있는 시골집 할머니가 직접 담갔다고 주신 매실 장아찌와 군것질거리를 사서 그것을 먹으면서 덜커덕덜커덕 길 위를 달린다.

다시 도시로 돌아와 냉정하게 생각하면 '내가 오늘 뭐 한 거지?'라는 생각이 든다.

노래방, 고급 레스토랑, 백화점, 디즈니랜드처럼 재밌거리가 하나도 없는데, 어쨌든 재밌다.

지금은 정말 좋은 시대고, 이런저런 재밌거리를 돈으로 살 수도 있다. 덕분에 나도 내 돈으로 여러 가지 즐거움을 산다.

돈만 있으면 재밌는 물건이나 즐거움을 만드는 기술 즉 춤, 노래, 말 등을 쉽게 얻을 수 있다.

그러나 히토리 씨는 이렇게 말한다.

"내가 말하는 '즐거움'은 물건도 기술도 아니야. 바로 생각이야."

생각이 즐거우면 무엇을 해도, 어디에 가도 즐거울 수 있다고 말했다.

그래서 우리는 히토리 씨와 함께 있으면 즐거운 거일 수도 있다.

"재밌을까 재미없을까, 즐거울까 즐겁지 않을까는 개인의 문제 즉, 생각에 달려있어.

사람들은 세상은 한심하고 일은 지겹고 노는 것만 재밌다고 말하는데, 나는 전혀 그렇게 생각하지 않아.

당신이 재미없는 사람이니까 일도 재미가 없게 느껴지는 거야. 스스로가, 당신 머리가 '나는 재미없는 사람'이라고 말하고 있는 거지. 당신이 재미없는 사람이니까 스스로 재미를 찾지 못하고, 내기 골프나 술자리처럼 돈을 통해서만 즐거움을 찾으려고 하는 거야.

하지만 돈으로 즐거움을 찾으면 금방 질려버려. 노는 것도 재미없어지지. 그러면 다음 놀 거리, 다음 놀 거리, 그다음 놀 거리를 찾아 헤매게 되고, 그래서 돈을 좇게 되는 거야.

그래도 재미가 없어지면 허무함만 남고, 개중에는 자살하는 사람도 있어.

그래서 즐거운 사람으로 있어야 하는 거야. 밑바탕이 즐겁지 않으면 뭘 해도 즐거울 수가 없어.

사람들은 나한테서 매력을 느끼는데, 내 매력은 그거야. 나는 밑바탕이 즐거운 사람이지.

나는 '장사꾼 복서'를 생각해낼 정도로 즐거운 사람이야. 즐거운 것만 생각하니까 모든 게 매력적으로 보이고 장사도 재미있는 거야. 나는 돈을 쓰면서까지 나를 즐겁게 만들고 싶지는 않아. 내가 이런 사람이니까 모든 게 재미있는 거야."

　지금의 나는 그의 말에 두 손 뻗어 찬성할 수 있지만, 막 돈을 벌기 시작할 무렵에는 솔직히 이 말을 이해할 수 없었다.

　무슨 논리인지는 알아도, 너무 감상적이라서 와닿지 않았다. 그러던 어느 날 이 논리를 알 기회가 왔다.

　어느 날 오사카에 있는 우리 회사로 히토리 씨가 찾아온 것이다.

　"맛있는 음식 먹으러 가요. 뭐 드시고 싶으세요? 오늘은 제가 살게요."

　그러자 히토리 씨는 '오늘은 두부 정식이 먹고 싶네.'라고 말했다.

　나는 힘이 빠졌다. 확실히 두부 정식은 맛있다. 그러나 내가 말한 '맛있는 음식'은 좀 더 근사한 프랑스 레스토랑이나 고급 차이나 레스토랑 같은 음식점이었다.

　그래서 나는 이렇게 말했다.

　"두부 정식이라니, 조금 초라한데요?"

　그랬더니 사이토 히토리 씨는 웃으며 이렇게 말했다.

"내가 사는 두부 정식이라면 내가 초라할 수도 있지만, 에미코가 사주는 건데 내가 초라할 이유가 뭐가 있겠어?

그리고 난 맛있는 것이라면 어디서 어떤 음식을 먹어도 다 맛있어. 어디를 가든지 즐겁지.

에미코는 맛있는 음식을 먹으러 가자고 했을 때, 옷을 갈아입고 택시를 타고 가야만 맛있는 식사라고 생각하는 거야?

나는 그 이유를 모르겠네. 내 입장에서 보면 간단한 정식이든 고급 레스토랑이든 다 똑같이 '맛있는 음식'이야. 그리고 오늘은 두부 정식이 먹고 싶을 뿐이고."

하지만 히토리 씨는 나에게 있어서 좋은 분이니까 나는 좋은 대접을 해드리고 싶었다.

"선생님은 고급 요리도 종종 드시니까 그렇게 말씀하실 수 있지만, 저는 그런 요리를 먹어 본 적이 없어요. 그래서 고급 요리도 먹어보고 싶어요. 그리고 눈으로 먹는다는 말도 있잖아요. 눈앞에 맛있는 요리가 잔뜩 있으면 기분 좋아지는 건 사실이잖아요."

히토리 씨는 고개를 끄덕이며 내 말을 들은 후 이렇게 말했다.

"그런 곳에 가면 안 된다고 말하지는 않았어. 하지만 나한테 뭐가 먹고 싶은지 물은 거잖아. 좋아, 에미코가 먹고 싶은 데로 가자. 그런데 한마디만 할게. 두부 정식을 먹는다고 초라해지지는 않아. 먹으려고 마음만 먹으면 우리는 프랑스 레스토랑이든 고급 중화요리든 다 먹을 수 있어. 하지만 그런 고급 요리를 사준다고 해도 나는 지금 두부 정식이 먹고 싶어. 지금 나에게는 프랑스 요리보다, 중화요리보다 두부 정식이 최고야.

그것을 고작 두부 정식이라고 생각하니까 초라한 거야. 고작 정식이지만 그 재료 안에는 농부, 어부 그리고 그것을 가공해주는 사람들의 노력이 들어가 있어. 그래도 두부 정식이 초라해? 그럼, 이 이야기는 여기서 끝내자. 나도 옷을 갈아입을 테니까 에미코도 예쁜 옷으로 갈아입고 이탈리아 레스토랑으로 가자. 내가 맛있는 곳으로 데리고 갈게."

그래서 결국 히토리 씨에게 맛있는 이탈리아 음식을 얻어먹었지만, 나는 단순해서인지 갑자기 두부 정식이 매력적이고 고급스러운 음식으로 생각되기 시작했다.

진짜 '즐거움'이란 무엇인지 생각하게 된 하루였다.

9

사람에게는 각각의 개성이 있고,
그 개성에는 좋고 나쁨이 없다

앞 장에 이어서, 음식에 관한 에피소드를 하나 더 폭로해 보겠다.

히토리 씨는 정식뿐만 아니라 면 요리도 매우 좋아한다. 히토리 씨 정도의 부자라면 튀김우동을 먹어도 될 텐데 그는 항상 타누키우동*이 제일 맛있다고 말한다.

그것도 역 앞에 서서 먹는 타누키우동이 제일 맛있다면서…….

거짓말 같지만 실제로 먹어보면 정말 맛있다. 우리 제자 10명 사이에서는 '우동은 타누키지!'라는 말이 나올 정도다.

———

* 우동에 튀김 부스러기를 넣은 우동.

그러나 어느 날 사이토 히토리 씨는 조금 흥분된 모습으로 이렇게 말했다.

"에미코, 나도 좀 화가 나는데 말이야, 나 얼마 전에 '가케우동' 잘하는 집을 발견했어. 나 태어나서 처음으로 카케우동 먹어 봤어. 나 면만 들어간 우동은 양이 적어서 싫어하잖아.

그런데 얼마 전에 약을 먹었는데도 속이 쓰려서 뭐라도 먹어야 할 거 같아서 우동집에 갔거든. 입맛이 별로 없어서 어쩔 수 없이 가케우동을 시켜서 먹었는데, 그게 진짜 엄청나게 맛있더라고.

역시 요리란 궁합이건 뭐건 간에 하나하나의 재료가 중요해. 그 하나하나가 완벽하게 좋아야 해. 여러 가지 재료를 섞어서 재료 고유의 맛을 없애는 건 좋지 않아. 그래서 튀김우동보다는 타누키우동을, 타누키우동보다는 가케우동이 좋은 거야.

사람도 마찬가지야. 다 각각이야. 한 사람 한 사람이 최고의 재료고 예술품이야. 그러니까 에미코도 자신의 성격을 바꿀 필요는 없어. 에미코는 그 자체로 이미 완벽한 시바무라 에미코야. 나도 마찬가지고. 나도 지금이 완벽한 사이토 히토리야. 그건 모두 다 똑같아."

그 순간 나는 알았다. 사이토 히토리 씨의 '즐거움'이란 유머만이 아니라는 것을.

히토리 씨는 남을 바꾸려고 하지 않는다. 그리고 한 사람 한 사람의 개성과 한 사람 한 사람의 매력이 발휘될 수 있는 곳을 제공해준다.

'뭐야, 이게.'라고 생각한 적이 있었다. 사이토 히토리 씨의 제자 10명은 정말이지 10인 10색으로 성격이 전부 다 다르다.

나처럼 덤벙거리고 조심성 없는 사람도 있고, 침착하게 일하는 것을 좋아하는 사람, 계획을 꼼꼼하게 잘 세우는 사람, 지혜로운 사람 등 다양한 사람이 있다.

그리고 히토리 씨는 나에게 '다른 마루칸 사장처럼 침착해봐라', '정리 좀 꼼꼼히 잘해라.'고 말하지 않는다. 나뿐만 아니라 그 누구에게도 무언가를 강요하지 않는다. 특히 나처럼 덤벙거리는 사람이 되라고는 절대 말하지 않는다.

마루칸이라는 곳에서 즐거움을 함께 만들어내지만, 결국은 한 사람 한 사람을 독립시켜서 자신의 재량으로 회사를 경영할 수 있게 만든다.

왜냐하면 히토리 씨는 사람에게는 각각의 개성이 있고, 그 개성에는 좋고 나쁨이 없다, 개성은 그 사람의 매력의 핵심이고, 그 개성을 빛낼 곳을 제공하는 것이 자신의 임무라고 생각하기 때문이다.

"나는 양배추 고유의 맛을 정말 좋아해. 나는 된장국을 끓일 때 양배추만 넣지 다른 건 일절 안 넣어. 그래야 양배추 고유의 맛이 살아나거든."

히토리 씨의 이런 생각이 그를 즐겁고 활기차게 만드는 것 같다.

그리고 히토리 씨에게는 사람을 끌어당기는 '즐거움'이 있고, 그게 히토리 씨의 매력이라고 생각한다.

하지만 사이토 히토리 씨의 매력은 '즐거움'만이 아니다.

그럼 다른 매력은 무엇일까?

그것은 '즐겁고 행복하게'다.

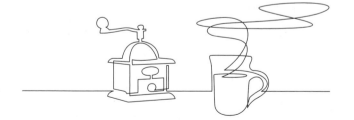

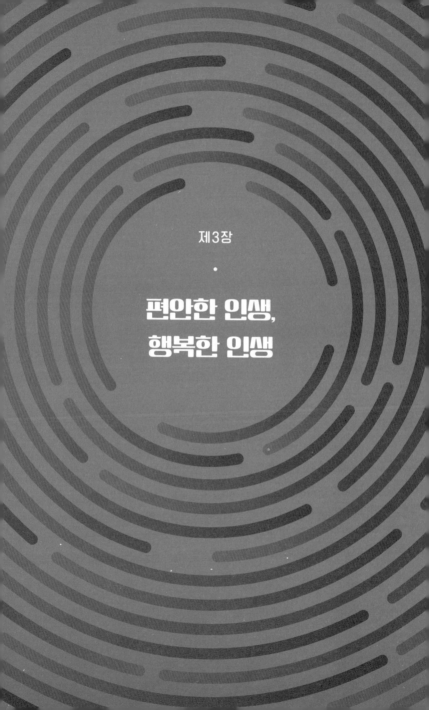

제3장

·

**편안한 인생,
행복한 인생**

1

활기치고
즐겁게 일하라

사이토 히토리 씨는 여자를 매우 좋아한다. 그리고 그것을 사람들에게 숨기지 않는다.

"나는 여자를 매우 좋아해. 남자는 싫어하고. 남자 그 형상 자체가 싫어."

말은 그렇게 하지만 히토리 씨 주변에는 그를 좋아하는 남자들이 상당히 많다.

그럴 때면 그는 장난기 가득한 말투로 이렇게 말한다.

"왜 이렇게 남자만 득실대는 거야."

그렇다고 히토리 씨 주변에 여자가 전혀 없는 것도 아니다. 오히려 그 반대다.

히토리 씨에게는 제자가 10명 있는데 그중에 여성이 여섯 명이다. 그 여성들 밑에서 일하고 있는 직원도 대부분이 여성이다. 그리고 그 여성들은 모두 히토리 씨를 매우 좋아한다. 다만 이성 관계로 발전하지 않는 것이 문제지만……

히토리 씨는 남자 형상 자체가 싫다고 말했지만 그것은 농담이고, 사실은 깊은 이유가 있다.

"남자와 여자는 구조적으로 달라. 남자는 마이너스고 여자는 플러스지.

아이 만드는 걸 생각해봐. 남자는 자기 몸에서 정자를 꺼내. 그거 자체가 마이너스야. 하지만 여자는 그 정자를 받아서 아이를 잉태하니까 플러스지.

이런 차이는 인생에도 나타나. 남자는 마이너스 경향, 여자는 플러스 경향으로 살아.

이를테면 여자가 임신했어. 그때 여자는 아이가 건강하게 태어나기만을 바라. 하지만 아이가 태어나면 좋은 유치원에 보내려고 하고, 영어학원에 보내려고 하고, 명문 초등학교에 보내려고 하지.

쇼핑도 마찬가지야. 가방 하나를 사고 싶어서 가방을 사. 이번에는 그 가방에 어울리는 옷을 갖고 싶어 하고, 신발도 가지려고 해. 가방도 한 개에서 두 개 세 개 점점 사고 싶은 게 늘어나지. 끝이 없는 플러스야.

하지만 남자는 반대야. 꿈을 저버리면서 살아. 젊었을 때는 꿈을 가지지만 결혼하고 아이를 낳으면 가정을 위해서 그 꿈을 단념하지.

이렇게 마이너스로 사는 남자는 어느 날 플러스로 사는 여자에게 정이 떨어져서 헤어지자고 말을 해. 그때 서로의 행복을 위해 조금씩 양보하면서 더 노력하자고 말하면 아직 희망은 있어. 하지만 '난 널 위해 모든 걸 참고 살았는데!'라고 말하면 매력은 없어지고, 더 마이너스로 추락하게 되는 거야.

이런 플러스 경향과 마이너스 경향은 일에서도 보여.

기본적으로 남자는 장사하면 안 돼. 장사가 조금만 잘되면 거기에 만족하고 가게 문을 닫아버리거든. 반대로 여자는 장사가 잘되면 그 기세를 몰아서 더 열심히 일해. 그래서 여자가 장사를 더 잘하는 거야.

여자는 내가 한번 논리적으로 설명하면 더 말하지 않아도 일을 곧잘 해.

하지만 남자는 안 해. 남자를 움직이는 건 논리가 아니야. 군대식으로 해야만 하지.

'장사꾼은 돈을 버는 사람이야! 그러니까 묻지도 따지

지도 말고 그냥 해!' 이렇게 공격적으로 말을 해야 알아들어. '9시면 무조건 가게 문을 연다!' 이렇게 말해야 움직이지.

그리고 남자는 끝까지 지켜봐야 하고, 화를 내야 해. 정말 피곤한 존재지.

장사는 말이야, 마이너스가 아니야. 장사에서 마이너스는 적자야. 장사는 플러스여야만 해. 그래서 플러스로 사는 여자가 나는 좋은 거야.

여자는 플러스인데 불쌍하게도 마이너스인 남자의 말을 따르면서 살아가. 플러스가 마이너스의 말을 듣고 산다면 비참한 결과가 생기겠지. 그래서 마이너스가 생기는 거야.

'남자는 강하고 여자는 약하다.' 이렇게 말하는 사람은 바보야."

이런 생각으로 사이토 히토리 씨는 나를 포함한 많은 여성들에게 일할 곳을 마련해준다.

그리고 활기차고 즐겁게 일하라고 말한다.

활기차고 즐겁게 일하는 방법을 알려준다.

자신의 한계에
도전해야 한다

　　일반적으로 어떤 기업이든지 윗사람은
분기의 매출 목표와 직원의 업무량을 미리 정해둔다.
　그러나 사이토 히토리 씨는 그런 것은 정해두지 않고,
우리 제자에게도 그런 것을 강요하지 않는다.
"매출을 조금 더 올려보자!"
그에게서는 지금까지 이 말을 들어본 적이 없다.
히토리 씨는 오히려 그 반대로 말한다.

"매출을 올리려고 생각하면 안 돼. 판매율만 신경 쓰면
안 되는 거야.
　이를테면 테니스 시합을 할 때는 공을 보고, 상대의 움
직임을 봐야 해. 당연하잖아. 점수판만 본다고 점수가 올

라가는 건 아니잖아.

판매율을 보지 않는다는 것은 이것과 똑같아. 매출을 올리려고 하면 오히려 매출은 점점 떨어질 거야. 그러니까 공을 보고, 상대방의 움직임을 봐야 해.

하지만 공만 보는 건 테니스가 아니잖아. 공을 보고, 상대방의 움직임을 봤으면 공을 쳐야지. 그래야 테니스를 즐길 수 있어. 그리고 점수로도 이어지지.

마루칸 사람들은 각자가 자신의 목표를 만들고 자신의 한계를 뛰어넘고 있어. 그것은 일을 즐기기 위한 게임 같은 거야. 무작정 매출을 올리는 게 아니라, 뭐랄까…… 자기 한계일 거야.

인간은 무한한 창조물이면서 제약을 받고 있어. 그 제약이란 자란 환경, 회사 규칙, 세간의 상식 이런 거야. 그런 게 사람을 제약하지.

하지만 사람은 무한한 존재야. 지금의 육상 선수는 100m를 10초 안에 뛰지만, 옛날에는 그렇게 빨리 뛰지 못했어. 앞으로는 9초 안에 뛰는 선수가 나올 수도 있지.

사람은 무한하기 때문에 다양한 것을 할 수 있어. 제약을 두는 건 일종의 공포지.

나는 가끔 나에게 이렇게 말해.

'너, 무언가 무섭지 않아?'

사람은 새로운 것을 만나면 자신도 모르는 사이에 공포감을 느껴.

한계를 뛰어넘으려면 자신이 가장 싫어하는 것을 해야 하거든. 싫어하기 때문에 한계가 생기는 거야. 하지만 그 싫어하는 것을 조금만 시도하면 한계를 뛰어넘을 수 있어. 그러면 앞으로 그 일은 재밌어지겠지.

우리는 어떠한 인연으로 만난 사이니까 일하는 시간을 즐겨야 해. 숫자는 게임에 불과해.

이제 즐겁게 일할 수 있겠지?

그리고 남과 비교해서는 안 돼. 항상 나를 기준으로 세우고, 출발선에서 얼마큼 나아갈 수 있는지를 봐야 해. 남과 비교하면 서두르다 넘어지게 될 거야."

우리 마루칸 사람은 히토리 씨의 가르침에 따라 매일 즐겁게 자신의 한계에 도전한다.

3

'한 단계 위'를 목표로 하면 지겹던 공부도 즐거워진다

사이토 히토리 씨는 절대 무리하지 않는 사람이다. 그래서 우리에게도 무리한 일을 시키지 않는다.

이를테면 제자 10명과 대화할 때는 이렇게 말한다.

"졸린 사람은 자도 좋아. 억지로 깨어 있어도 좋은 아이디어는 나오지 않아."

"힘주면 똥만 나와. 머리를 싸매고 있으면 좋은 생각은 나오지 않아."

이렇게 말하고 본인도 재빨리 잠옷으로 갈아입는다. 하지만 그 잠옷은 히토리 씨에게 있어서 '회의복' 같은 것이다.

히토리 씨가 잠옷으로 갈아입어도, 졸리면 자도 좋다고 말해도 회의를 손 놓는 사람은 없다. 기분 좋은 긴장감과 고조된 분위기 속에서 회의는 착착 진행된다.

그리고 사이토 히토리 씨는 우리 제자 10명에게 많은 것을 가르쳐줬는데, 그 가르침은 항상 지금의 나보다 '한 단계' 성장할 수 있는 배움이 된다.

"사람은 위를 봐야 성공할 수 있어. 하지만 다리를 있는 힘껏 벌려도 닿을 수 없는 곳이라면 당연히 갈 수가 없지.

가장 좋은 건 '한 단계 위'야. '한 단계 위'를 목표로 하면 지겹던 공부도 즐거워질 거야.

닿을 수 있는 곳에 손을 뻗고, 닿을 수 있는 곳에 다리를 뻗는 게 무리하지 않는 거야. 한 단계 위에 도착했다면, 다음은 그 '한 단계 위'를 더 가보는 거야. 이런 식으로 위를 향해 가면 돼. 계속해서 한 단계 위를 보고 달리다 보면 죽을 때까지 위로 올라갈 수 있을 거야.

이 방법이 성공으로 가는 가장 즐거운 방법이지."

사이토 히토리 씨는 이렇게 말했지만, 사실 처음에는 좀처럼 이해할 수 없었다.

왜냐하면 그가 말한 '한 단계 위'의 노력은 지금 나와는 직접 관계가 없는 공부였기 때문이다. 이를테면 가수 지망생에게 토크 공부를 시키고, 신입사원에게 주임 공부를 시키는 것이었다.

그런 것을 죽을 때까지 계속하라니 생각만 해도 지치지 않은가?

옛날의 나는 그렇게 생각했다. 하지만 히토리 씨의 말대로 '한 단계 위'를 계속해서 가다 보니 역시 그것이 가장 즐거운 방법이었다.

언뜻 보기에는 지금의 나와 전혀 관계없는 공부 같았지만, 사실은 내 성장을 위해 필요한 것이었고, 막상 해보니 그렇게 어렵지도 않았다.

그래서 '한 단계' 앞으로 나갈 노력은 즐겁고 재미있을 수밖에 없다는 사실을 깨달았다.

"확실히 나와 관계없는 것은 재미가 없어. 그래서 모두 안 하려고 하는 거야. 하지만 '한 단계 위'를 공부해두지 않으면 고통은 배가 될 거야.

이를테면 아이돌 지망생이 있어. 그 사람은 대부분 춤과 노래만 연습할 거야. 본인은 열심히 노력했다고 생각하지만, 그 열매는 거의 맺을 수 없어. 당연하잖아. 연예계에는 노래와 춤을 잘하는 사람이 차고 넘치거든.

노력은 적당히 해서 열매가 맺어지지 않아. 오히려 먹잇

감이 될 뿐이지.

그럼 연예계에서 살아남는 사람은 어떤 사람일까? MC를 맡을 정도로 말을 잘하거나, 버라이어티에 출연할 정도로 끼가 많아야 살아남을 수 있는 거야.

이게 바로 '한 단계 위'를 공부한 사람들이지. 그리고 '한 단계 위'를 공부하면 반드시 기회는 오게 되어 있어.

신은 성장 준비를 마친 사람에게 기회를 줘. 지금까지 배운 것을 써먹으라고 말이야.

하지만 실제로 해 보면 상당히 다를 거야. 실전은 공부만큼 간단하지가 않아. 그래서 초반에는 이리저리 수정해 가겠지만, 그 후에는 물 흐르듯이 술술 흘러갈 거야.

인간이라는 것은 계속해서 한 걸음 나아가다 보면 끊임없이 성장하게 되어 있어. 점점 발전하는 모습이 눈에 보이는데 재미없을 리가 없잖아.

그러니까 어려워하지 마. 이건 사실 가장 즐거운 방법이야.

게으름 피우지 말고 위를 향해 나아가야 해. 위를 향해 가다가 힘들어서 옆으로 빠지는 경우가 종종 있어. 그렇게 옆으로 빠지는 순간 성장은 멈출 거야. 그러면 고통은 배가 되지.

기업도 마찬가지야. 불경기라 값싼 제품만 만들면 건강하지 못한 회사가 될 거야.

시대는 변하게 되어 있어. 지금까지 해왔던 것을 바꾸지 않으면 금방 무너질 거야.

지금까지 해왔던 대로 그저 열심히 하는 것은 이미 쏘아 올린 인공위성을 그대로 두는 것과 같아. 그것은 노력이라고 할 수 없어. 노력이라는 것은 새로운 인공위성을 발사하는 거야. 그리고 정말 즐기는 거지."

이렇게 말하는 히토리 씨 자신도 항상 지금의 나보다 '한 단계' 발전하려고 노력한다.

마루칸 상품은 건강식품이 대부분이고 화장품은 그중에 30%를 차지한다. 그래도 화장품 판매업이라는 간판을 내리지 않고, 올해의 납세액 1위를 차지한 후에도 '이번에는 누적 납세액 1위에 도전하겠다.'라며 더 좋은 상품을 만들려고 노력한다. 그리고 매력을 한 가지씩 더 늘리려고 계속해서 노력하고 있다.

4

뭐든지 즐기지 않으면
이룰 수 없다

세상 사람들은 일은 어렵고 장사는 힘들다고 말한다. 신문 경제란을 보면 확실히 그런 분위기가 감돈다.

하지만 사이토 히토리 씨가 말해주는 일과 장사에 관한 이야기는 재밌고 이해하기 쉽다.

이를테면 어떤 상품이 잘 팔리는 상품인지를 말해줄 때는 웃으면서 이렇게 말했다.

"윗부분은 구두고 아랫부분은 나막신인 '게츠'라는 신발을 만들면 어떨까? 편하겠지? 하지만 사람들은 이걸 신으려고 하지 않을 거야. 이런 기획은 빵점이지."

가장 놀라운 것은 '세상이란 무엇일까?'에 대한 이야기다.

세상은 너무나 막연해서 나는 뭐라고 잘 설명할 수 없

지만, 히토리 씨는 이렇게 말했다.

"지금 에미코 옆에 있는 아주머니나 아저씨가 앞으로 에미코가 가져야 할 세상이야."

그리고 나는 이해했다.

세상은 넓다. 중국도 미국도 세상이지만, 나에게 있어서 세상은 내 옆에 있는 사람들이다.

그리고 히토리 씨는 그것은 연쇄한다고 말했다.

그렇게 생각하면 맨 처음 장사할 때 무엇을 팔아야 하는지 알 수 있다고 했다.

이렇게 알기 쉽게 차근차근 설명하는 사람이 히토리 씨다.

"어려운 이야기를 어렵게 설명하니까 이해하기 힘든 거야. 그냥 편안하게 얘기하면 돼. 어려운 이야기라도 편하게 설명하면 되는 거야. 그러면 이해가 빨리 될 거야.

조금만 어려우면 무섭게 생각하고, 어려운 말로 설명하니까 이해하는 데 시간이 오래 걸리는 거야.

상대가 이해하는 데 시간이 오래 걸리면 나도 초조하고 화가 날 거야. 그러면 기분은 더욱더 나빠지겠지. 하지만 지금은 즐기는 시대야. 힘들고 어려운 일도 즐기는 시대지.

이건 일을 안 해도 된다는 뜻이 아니라, 힘들게 억지로 일할 필요가 없다는 뜻이야.

공부도 마찬가지야. 무턱대고 공부하는 것이 아니라, 하나의 놀이로써 즐기면서 하면 충분히 잘할 수 있어.

손님이 왜 돈을 내면서 물건을 사는지 알아? 바로 즐겁기 때문이야. 뭐든지 즐기지 않으면 이룰 수 없어. 이제는 즐거움의 시대야."

5

어떤 말을 쓰는지에 따라서
미래가 완전히 달라진다

올해 1월 1일 아침, 사이토 히토리 씨는 우리에게 이렇게 말했다.

"올해는 뭔가 좋은 일이 생길 거 같아. 그 좋은 일이 뭔지는 모르겠지만, 여하튼 좋은 일이 오고 있는 예감이 들어."

히토리 씨가 이렇게 말했기 때문에 우리도 덩달아 가슴이 뛰었다. 히토리 씨가 이렇게 말할 때는 대부분 '좋은 일'이 일어났기 때문이다.

그날 이후 가슴이 들떠 있던 나에게 정말 좋은 일이 일어났다.

히토리 씨의 매력에 대해서 책을 써보자는 얘기가 나왔고, 그것을 내가 쓰게 되었다. 그리고 지금 이렇게 원고를 쓰고 있다.

내가 지금 하고 싶은 말은, 우리가 어떤 말을 쓰는지에 따라서 미래가 완전히 달라진다는 것이다.

"사람의 마음은 시시각각 변해.

나는 가끔 '요즘 행복한 게 뭔가 좋은 일이 생길 거 같아.'라고 말해.

그러면 이렇게 말하는 사람이 있어.

'좋은 일? 어떤 예감이 드는데?'

'나쁜 느낌이 든다.', '나쁜 일이 일어날 것만 같다.'라고 생각하면 정말 나쁜 일이 일어나. 불안한 느낌으로 가슴이 두근거리지. 나쁜 예감을 하니까 나쁜 일이 일어나는 거야.

마음이라는 것은 나쁜 일을 생각하다가도 갑자기 좋은 일을 떠올리고는 해. 시시각각 바뀌는 거지. 그래서 마음을 따르면 안 돼. 인생은 어두울 때도 있고 밝을 때도 있어.

저녁이 지나 어둠이 찾아오면 불을 켜면 돼. 인생은 그런 거야. 어두우면 불을 켜면 돼.

어두울 때도 '좋은 일이 생길 것만 같다.'고 말하면 마음은 순식간에 밝게 바뀌어.

'역시 나쁜 일이 일어나고 말았다.'라며 마음의 불을 끄면 마음은 계속 어두워질 거야.

그런데 희한하게도 사람은 마음이 밝을 때 계속 밝은 얘기만 해. 전기가 필요 없는데도 군이 전기를 켜고 밝은 이야기를 하는 거야.

전기는 어두울 때 켜야지. 어두울 때 전기를 켜면 금방 밝아지고, 그러면 전기가 필요 없게 돼. 이걸 알면서도 어두울 때 전기를 끄고, 밝을 때 전기를 켜는 거야.

정말 이상하지 않아? 전기는 어두울 때 켜야 하잖아.

나쁜 일이 일어날 것 같다며 한숨 쉬지 마. 오히려 행복하다고 말해야 해.

특히 남들보다 높은 자리에 선 사람은 항상 전기를 켜야 해.

윗사람의 표정이 어두우면 아랫사람은 그의 눈치를 봐야 하잖아. 그러면 손님에게 눈이 가지 않고 상사나 사장에게만 눈이 가겠지. 그러니까 윗사람은 항상 전기를 켜야 해. 그러면 곧 좋은 일이 일어날 거야.

사람의 마음은 이렇게 쉽게 변하는 거야.

어두울 때는 밝게, 밝을 때는 침묵을 지켜야 해. 밝을 때는 아무 말 없이 조용히 있어도 긍정 에너지가 나오기 때문이지. 이렇게 있으면 평균적으로 항상 밝게 있을 수 있을 거야.

그리고 주변 사람의 불도 켜줘야 해.

혹시 '만다라'라고 알아? 이건 명상하거나 기도할 때 바닥에 까는 천 같은 건데, 대부분 하나의 중심을 둘러싸고 순환하는 원형이나 정사각형 그림이 그려져 있어. 만다라 중심에는 반드시 내가 있어. 그리고 나를 중심으로 여러 사람이 있는 거야.

저네 주변에도 많은 사람이 있을 거야. 그 사람들의 마음에 불을 켜주면 그들의 인생은 밝아질 거야. 그리고 자네 주변이 밝아졌으니 전체가 밝아지겠지.

그러나 주변의 불을 꺼버리는 사람도 있어. 애써 불을 켠 사람에게 화를 내며 그 불을 꺼버리는 거야. 그러면 주변은 어두워지고, 결국 마지막에는 자신의 불까지 꺼져버리겠지. 그래서 불행한 거야.

나쁜 일이 있을 때는 곧 좋은 일이 생길 거라고 생각해야 해. 기분이 나쁠 때는 반대로 기분이 좋다고 말해야 해.

'말보다 마음이 우선'이라고 말하는 사람도 있어. 하지만 마음이 먼저고, 마음만 따른다면 '기분파'가 될 거야.
사람들은 기분파를 싫어해."

6

'어떻게 하면
내가 행복해질 수 있을까.'를
생각해야 한다

사이토 히토리 씨가 회사에 없는 이유는 대부분 여행을 떠났기 때문이지만, 가끔은 제자들이 회사를 방문했기 때문이기도 하다.

그럴 때 그는 모든 직원에게 "열심히 하고 있네요. 감사해요."라고 인사한 후 세상 돌아가는 이야기를 한다.

나는 감사 인사보다는 직원에게 도움이 되는 이야기를 듣고 싶지만, 히토리 씨는 "내가 무슨 말을 하더라도 남을 바꿀 수는 없어."라며 직원들이 행동에 끼어들지 않으려고 한다.

"직원들은 선생님의 말씀을 직접 들을 기회가 없잖아요. 그러니까 직원들에게 좋은 얘기 좀 해주세요."

내가 이렇게 말해도 "만날 기회가 적으니까 그들이 날

좋아해 주는 거야."라며 말을 아낀다.

하지만 이것은 직원에게 아부하는 모습은 아니다.

"노숙자는 평생 열심히 일했지만 결국 노숙자가 되었어.

그들은 지금도 열심히 일하고 있어. 노숙자가 되기 전에 자살해버리는 사람도 있는데, 그들은 노숙자가 되어도 열심히 일하고 있는 거야.

모두 마찬가지야. 모두 열심히 하고 있어. 열심히 일하고 열심히 살아가고 있지.

나는 그렇게 보고 있어. 이것이 내 지론이야.

모두 열심히 살고 있다, 그러니까 나도 열심히 살자, 하고 말이야.

그래서 나는 더 많이 노력해라, 더 열심히 하라고 말하지 않아.

사람은 자신의 노력을 인정받고 싶어 해.

그리고 설교를 하지. 이렇게 해야 한다, 저렇게 해야 한다, 하고.

모든 인간에게는 능력이 있어. 하지만 할 수 있는 것과 할 수 없는 것이 있지. 모든 사람에게는 할 수 있는 것이 있고, 할 수 없는 것이 있는 거야. 그건 나도 마찬가지고.

세상에는 끈기가 강한 사람이 있어. 머리 회전이 빠른 사람도 있지. 하지만 그렇지 않은 사람도 있어. 내가 그것을 잘한다고 남에게 똑같은 것을 강요하면 안 돼. 그건 왕따 시키는 것과 같아.

그래서 나는 '다들 열심히 하고 있다.'라고 말하는 거야.

그러면 상대방은 인정을 받았다고 생각할 거야.

그러면 마음의 촛불이 켜지고 앞으로 나아갈 용기가 생기겠지.

설교를 하든 무엇을 하든, 사람은 움직이지 않아.

모르는 것은 모르는 대로 그냥 놔두면 돼.

내가 강요한다고 해서 갑자기 달리기가 빨라지거나 춤을 잘 추게 되거나 하지는 않아.

중요한 것은 그 안에서 '어떻게 하면 내가 행복해질 수 있을까.'를 생각하는 거야.

모르는 것을 알았다고 행복해지지는 않아. 모르는 채로 어떻게 하면 행복해질 수 있을지를 생각해야만 하는 거야.

'나는 지금 이 대로가 최고다.'

이렇게 말할 수 있는 것이 자신의 노력이야.

그리고 다른 사람에게는 '당신 잘하고 있어. 지금 당신은 아주 훌륭해.'라고 말해주는 것이 노력이지."

7

겸손하면
인생이 편안해진다

내가 말하고도 조금 이상하지만, 나는 어떻게 보면 성실한 사람이다.

부모님과 학교 선생님에게 배운 세상의 상식으로 머리가 단단해졌다. 세상은 무엇을 하든 노력과 끈기가 있어야 한다고 말하는데, 나에게도 그런 노력과 끈기가 있다.

그리고 그것을 인정받아 나는 학교에서 학급 임원으로 발탁되기까지 했다. 이것으로 나는 나도 모르는 사이에 노력과 끈기가 강한 '노력파 인간'이 되었다. 내 회사를 차린 후에도 직원들은 나의 노력과 끈기를 인정해주었다. 물론 내가 의식해서 한 행동은 전혀 아니었다.

그러던 어느 날 히토리 씨는 나에게 이렇게 말했다.

"에미코는 참 노력형 인간이야. 노력과 끈기로 앞만 보고 달리잖아. 하지만 그러면 좋지 않아. 에미코가 여기까지 올 수 있었던 것은 노력과 끈기 때문만은 아니야. 운도 있지. 그러니까 현실에 조금 만족해 봐. 그러는 편이 상대도 편하고 에미코 자신도 편할 거야."

나는 깜짝 놀랐다.

"노력과 끈기가 뭐가 나쁜 거죠? 만약 제가 그렇게 쉽게 생각했다면 저는 제 한계를 넘지 못했을 거예요!"

나는 히토리 씨에게 반항했다.

"좋아, 에미코. 혈액형과 똑같이 인간에게는 세 가지 유형이 있어.

첫 번째는 물처럼 술술 역경을 피해 가는 '날씨의 신' 같은 사람이야. 그리고 날씨의 신은 엄청난 아이디어맨이지.

두 번째는 끈기 있고 가는 곳마다 돈이 생기는 '돈의 신'이야.

마지막으로 세 번째는 학문과 논리의 선행인 '태양의 신'이야.

이 세 가지 유형에는 나쁜 점은 없어. 모두 좋은 점만 있지. 그리고 이 세 가지가 하나로 합쳐졌을 땐 엄청난 일이 생겨.

지금까지 일본 교육은 이것저것 따지지 않고 끈기만을 중요시했어. 돈의 신처럼 끈기가 있어야 한다고 말했지.

돈의 신은 끈기 하나 가지고 성공했어. 하지만 날씨의 신이나 태양의 신이 돈의 신처럼 살았으면 아무리 노력해도 성공하지 못했을 거야.

그래서 노력과 끈기도 너무 과하면 좋지 않은 거야.

각자 자신에게 맞는 삶이 있는 거야. 그것을 이렇게 저렇게 바꾸려고 할 필요는 없어.

나는 어떤 신인지 생각할 필요도 없어. 내가 어떤 유형인지 생각하는 동안에 아까운 시간은 다 흘러가 버리잖아.

그러니까 무조건 참고 노력하지 않아도 돼. 나에게 맞는 곳은 어딘가에 반드시 있어.

그건 퍼즐 같은 거야.

지겹도록 참고 견디는 것을 멈춰야 해. 적임자는 따로 있는데, 끈기 있는 사람이 버티고 서 있어서 그 자리에 들어오지 못하는 거야. 그러면 퍼즐은 엉망진창이 되겠지.

나는 잘해보겠다고 열심히 했지만, 모두에게 피해가 가는 경우도 있어.

물론 그 사람에게도 반드시 잘 맞는 곳이 있을 거야. 그 자리가 자기 것이 아니었을 뿐이지.

지겹다면 노력과 끈기로 버티지 말고 자신에게 잘 맞는 곳을 찾으면 돼. 그러면 예쁜 그림이 완성될 거야.

21세기는 자신에게 잘 맞는 곳을 찾아가 예쁜 그림을 만드는 그런 시대야. 자신과 맞지도, 어울리지도 않은 곳에 가서 무작정 버티고 있으면 안 돼.

나는 미야모토 무사시*처럼은 될 수 없어. 왜냐하면 나는 참을성이 제로거든. 그렇지만 나는 미야모토 무사시보다 행복해질 자신은 있어. 내 자리에서 무사시보다 행복할 자신은 있지.

남에게 이렇게 해라 저렇게 해라고 말하는 인생이 가장 피곤한 인생인 거야. 그런 말을 꺼내면 반드시 자신도 똑같은 말을 듣게 되거든.

그것보다 더 즐겁고 편안한 방법은 있어. 바로 수행이야. 우리는 편안해지기 위한 수행을 해야 해.

나는 사람들에게 겸손해지라는 말을 종종 하는데, 겸

---

* 일본 에도시대 초기의 무사이자 화가. 젊은 시절 60여 차례의 검술 시합에서 한 번도 지지 않았다고 전해진다.

손하면 인생은 편안해져. 잘난 체하는 사람을 보면 금방 지치지. 기분도 나빠지고. 사람은 역시 겸손하게 편해.

편안하다고 뒹굴뒹굴할 수 있는 건 아니야. 설명하기가 조금 까다로운데…… 그래, 도쿄에서 오사카까지 걸어가려면 며칠이나 걸리지만, 신칸센을 타고 가면 2시간밖에 안 걸리잖아. 그런 거야.

신칸센을 타고 가면 당일치기로 출장을 갔다 올 수도 있어. 그러면 남은 시간에 다른 일을 할 수도 있고, 오사카에서 쇼핑도 할 수 있지.

'당일로 출장을 갔다 오려면 피곤하겠다.'

이렇게 말하는 사람도 있지만, 생각을 바꾸면 당일치기가 오히려 '편할' 수도 있어.

인생의 폭이 넓어지면 배우는 것도 늘어나. 그리고 고통은 줄어들고 '즐거움'만 생기지.

내가 말하는 '편안함'이란 이런 거야. 잘 이해가 되지 않는다면 '편안함'을 '즐거움'으로 바꿔서 생각해봐. 편안함을 추구하다 보면 결국은 즐거움이 생길 테니까.

그리고 현재에 만족하는 것도 잊지 마. 현재에 만족하면 상대도 에미코도 편안해질 거야.

그렇다고 자신을 숨기고 있으라는 뜻은 아니야. 그저

편안하게 있으라는 뜻이야.

'편안한 인생, 행복한 인생'이 내 주제야."

세상에는 고난의 길을 좋아하는 사람도 있지만, 우리 마루칸 사람은 '편안하고 행복한 길'을 매우 좋아한다.

그리고 나는 히토리 씨가 알려준 대로 '끈기와 노력으로 버티지 않아도 된다.'라고 직원들에게 말해줬다. 그러자 직원도 나도 일하는 것이 매우 편해졌다.

편안해졌지만, 분위기는 이전보다 더 활기차졌다.

8

인간은 각자의 속도에 맞춰서
발전한다

사이토 히토리 씨가 집착하는 것 중에 대단한 것이 있다.

그는 '편안한 인생, 행복한 인생'을 주제로 내걸었는데, 철두철미하게 그런 인생을 보낸다는 것이 나로선 정말 대단하게 보인다.

이를테면 회사는 다른 사람에게 맡기고 본인은 여행을 떠나는 것도 '편안한 인생, 행복한 인생'일지도 모른다.

"세상의 눈으로 바라보면 나는 옳지 못한 경영자일 거야. 옳은 사람이라면 남에게 회사를 맡기지 않을 테니까 말이야. 하지만 나는 그렇지 않다고 생각해.

물론 사회의 법칙은 지켜야 해. 우린 법치국가에 살고

있으니까. 하지만 사람은 완벽하게 올바를 수 없어.

그리고 나에게도 할 수 없는 것이 있어. 나는 회사에 계속 앉아 있을 수가 없어.

그래서 좋은 곳을 찾아 여행을 떠나는 거야. 그리고 돌아오면 즐거운 여행이었다면서 이번에는 다 같이 떠나자고 당당하게 말해. 그래서 내가 여행을 떠날 때면 '우리를 위해 어디 좋은 곳을 찾으러 가는 거구나.'라고 생각하는 것일지도 몰라.

나는 미래를 전망할 수도 있고, 상품도 판매할 수 있어. 하지만 회사에 진득하니 앉아 있는 건 할 수 없어. 반대로 회사에 오래 앉아 있을 수 있는 사람도 있지. 그래서 나는 그 사람들에게 회사를 맡긴 거야.

그리고 나는 내가 할 수 없는 것이 많다는 걸 알아서 남에게도 무언가를 시키지 않고, 못 한다고 혼내지도 않는 거야."

하지만 그것은 책임 전가가 아니다. 오히려 그 반대다. 히토리 씨는 10명의 제자들이 힘들어하고 있을 때면 부랴부랴 달려와서 일을 해결해준다.

우리 제자들에게는 우리를 믿고 맡겨 준 히토리 씨에

게 보답하려는 마음이 강하다. 그리고 그 한편으로는 만에 하나 무슨 일이 생겼을 때 히토리 씨가 뒷수습을 해준다는 안도감 같은 것이 어딘가에 숨어있다. 그래서 제자들은 가끔 여유를 부리기도 한다.

"윗사람은 자신에게 와준 사람이 실패했을 때는 망설임 없이 뒷수습을 해줘야 해. 그러지 않으면 아랫사람은 잘해보려고 노력하지 않을 거야.

지도자는 자신의 강인한 개성을 밀고 나가야 해. 하지만 자신이 해결하지 못하는 것이 있으면 남에게 부탁도 할 줄 알아야 해.

그렇게 남에게 맡겼을 때는 아무리 지도자라도 놀면 안 돼. 조금 더 힘든 일을 해야만 해. 그게 바로 뒷수습인 거야.

힘든 일이 생겼을 때 말로만 지시를 내린다면 아무것도 해결되지 않아. 그런 건 농업 사회에서만 통용되는 거야. 농업 사회라면 아무것도 해결하지 않아도 가을이 되면 쌀을 수확할 수 있잖아.

그러나 우리가 사는 지금은 농업 사회가 아니야. 그래서 지도자는 강인한 개성으로 이런저런 방향을 제시한

후에 아랫사람이 할 수 있는 것은 아랫사람에게 맡겨야
하는 거야."

그리고 사이토 히토리 씨는 직원 교육에 관한 생각도
대단하다. 히토리 씨는 사람을 가르치려고 하지 않는다.

"인간은 알아서 발전해. 그렇지 않으면 원숭이로 되돌
아갈 거야.

인간은 살아있는 한 점점 발전해. 살아있으면 반드시
발전하게 되어 있어.

그러면 알아서 잘하게 내버려 둘까? 사실 그래도 상관
은 없어. 인간은 각자의 속도에 맞춰서 발전하거든. 그러
니까 마음 푹 놓고 있어도 돼.

하늘을 믿으면 돼. 가만히 내버려 두어도 나무는 잘 자
라잖아. 그것뿐이야.

나무를 억지로 키우려고 가지를 잡아당기니까 나무가
죽는 거야. 그러면 본인도 피곤해져.

나무가 자리를 잘 잡을 수 있도록 처음에만 키워주면
돼. 벼도 모종이었을 때는 단단한 것으로 뿌리를 감싸잖
아. 어느 정도 크고 난 후에는 그대로 둬도 상관은 없어.

알아서 잘 크거든."

하지만 히토리 씨는 우리 마루칸 사람들이 알아서 잘
자라도록 옆에서 무언가를 해준다.

그것은 사람을 무턱대고 칭찬하는 것이다.

"에미코가 '네!'라고 대답해줘서 기분이 좋았어. 이번
사장 회의 때는 '네' 하고 추임새를 넣어줘. 그래야 나도
그 리듬에 맞춰서 말하기 편해지거든."

이렇게 칭찬하고 칭찬해서 텐션을 높인다.

그러면 나도 기분이 좋아져서 우쭐대며 '네'를 외쳐대
는 형식이다.

세상에는 '우쭐대다.'라는 말을 좋지 않은 의미로 생각
한다. 그러나 히토리 씨는 그렇게 생각하지 않는다.

"간혹 남이 나대거나 설레발 치는 걸 죽을 만큼 싫어
하는 사람이 있어. 하지만 난 감추지 말고 막 나대라고
말해.

도가 지나칠까 봐 걱정하는데, 상관없어. 기가 사는 건
좋은 거야.

무엇이든 해 봐야 아는 거야. 우쭐대서 하다 보면 내

실력을 확인할 수 있어.

그러다 보면 또 기가 죽고, 잘하면 또 기가 살고.

'뭐야! 내 실력이 이거밖에 안 됐어! 이 정도라면 난 재능이 없는 거잖아!'라면서 말이야."

히토리 씨의 우쭐 작전은 이것뿐만이 아니다.

히토리 씨가 누군가에게 일을 부탁할 때는 반드시 예방주사를 놓는다.

예방주사란 이런 것이다.

"이 일은 보통 사람이라면 스무 번 정도는 실패하지만, 자네라면 열 번 정도로 끝날 테니까, 대충 열 번만 수정해 봐."

하지만 히토리 씨가 이렇게 말할 때는, 사실은 그 사람은 5번 만에 성공할 능력자인 것이다.

"5번 만에 성공할 능력이 있어도 10번은 실패할 거라고 말해. 그게 예방주사야.

그 주사를 한 대 맞으면 정말 10번은 실패할 거 같아서 좌절하지. 그리고 사장 욕을 할 거야.

그래서 백신처럼 미리 맞아 두는 거야. 마음에 항체가

생기라고.

일은 육체적으로는 피곤하지 않아. 정신적인 피로지. 그래서 정신적인 예방주사가 있으면 좋은 거야.

예방주사는 실패를 두려워하지 않을 것, 가능한 칭찬해줄 것을 섞어서 놓아.

다섯 번 만에 일을 끝냈을 때는 '정말 대단한데. 자네라면 빨리 성공할 줄 알았어.'라고 말해주는 거지.

그리고 사람들 앞에서 칭찬할 때는 '이 사람, 아주 대단한 사람이야. 보통이라면 세 번 만에 포기할 텐데 다섯 번이나 도전했잖아. 그리고 다섯 번 만에 성공했고.'라고 말하면 사장은 실패도 칭찬해준다고 생각할 거야.

그러면 모두에게 요령이 생기겠지. '실패해도 다시 도전하면 된다.'라는 요령 말이야. 일은 이런 요령이 필요해.

요령을 알고 도전 모드에 들어가면 모두가 편안하게 일할 수 있을 거야.

이게 바로 일을 시키는 사람도, 일하는 사람도 편안해지는 현명한 방법 아닐까?"

제 4 장

마음의
촛불

1

끊임없이 순환하는 것이
자연의 섭리다

사이토 히토리 씨는 말싸움을 싫어한다. 그래서 이런 말을 자주 한다.

"사람은 누구에게나 역경이 있어. 그리고 역경이 있을 때마다 싸우지 말고 지혜를 짜내야 해. 역경을 만났다면 지혜를 짜내서 앞으로 나아가면 되는 거야."

하지만 그것은 역경과 부딪히라는 뜻이 아니다.

히토리 씨는 역경과 부딪히는 것을 싫어한다. 역경을 만났을 때는 이리저리 피해간다.

하지만 그것은 도망치는 것과는 또 다르다. 히토리 씨는 물 같은 존재다.

수수께끼 같은 이야기라 조금 미안하지만, 그래도 히토리 씨의 이 이야기를 소개하면 이해할 수 있을 것이다.

"내 성격은 물 같아.

물은 어떤 역경을 만나도 피하고 바다로 나아가. 이를 테면 물이 흐르는 곳에 바위가 있어. 바위는 장애물이야. 하지만 물은 그 바위를 어떻게 부술지 생각하지 않아.

물은 바위가 있으면 바위 옆으로 흘러가.

눈앞에 움푹 파인 땅이 있을 때는 고르게 하려고 생각하지 않아. 그 땅을 물로 채우고 또 지나가지.

그렇게 바다로 가. 갖은 수단을 동원해서 목적지를 향해 가는 거야. 여기가 안 되면 낮은 곳으로 가고, 그것이 안 되면 물이 가득 찰 때까지 기다리지. 이렇게 역경을 극복하면서 가는 거야.

이게 내 성격이니까, 바뀌지 않을 거야. 이건 좋고 나쁨의 문제가 아니라서 나와 성격이 다른 사람에게 이런 삶을 강요할 생각은 없어.

다만 일본이라는 나라 자체가 이런 나라라는 것을 알아 두었으면 해.

일본은 주변이 바다로 싸여 있어. 그리고 지형을 보면 등뼈처럼 산이 있지. 산이 있으니까 거기에 구름도 껴있을 거야. 구름이 있으니까 비도 내릴 테고. 비가 내리면 강이 생기겠지. 강이 있으니까 물도 마실 수 있는 거고.

그리고 일본에는 곳곳에 강이 있어. 강이 있으니까 모래가 없는 거야. 그래서 대지는 푸르지.

일본은 자연을 바꿀 필요가 없을 정도로 풍족한 나라야. 환경을 바꿀 필요가 없지.

우리는 이런 나라에 살고 있어.

그런데 '다리가 떠내려가려면 강은 흐르지 않는다.'라는 말이 있어.

다리는 바람에 흔들리기도 해. 하지만 강은 멈춘 예가 없어.

우리는 가끔 흔들릴 때도 있어. 하지만 흔들린다고 멈출 수는 없는 거야.

강은 계속, 계속 흘러.

그리고 강이 흘러간 후에 계속되는 것이 있어.

맨 처음은 급류였어. 하지만 그 물살은 점점 잠잠해지지. 하류로 가면 갈수록 강은 커지거든.

그리고 바다가 끝은 아니야. 바다로 가면 바다에는 바다의 흐름 즉 해류가 있어. 그러는 동안에 조수가 전부 빠져서 구름이 되지. 그러면 하늘로 올라가서 비가 되고, 비는 땅을 촉촉하게 만들어서 초록을 키워. 이렇게 끝이 없는 거야.

끝은 없지만, 그것은 강의 힘만으로 그렇게 된 게 아니야. 땅이 있고, 산이 있어서 끊임없이 순환하는 거야.

이것이 자연의 섭리야. 그것은 변하지 않지.

인생도 마찬가지야. 그러니까 역경은 일어나지 않아. 그래서 말싸움은 필요 없는 거야. 피하면서 가면 돼.

이것을 잊지 마. 그리고 이것이 현명한 삶이라는 것도 잊어선 안 돼."

이런 히토리 씨와 함께여서인지 우리 10명의 제자와 마루칸 사람들은 역경을 피하면서 행복한 인생을 보내고 있다.

2

모든 사람은 행복해지기 위해
태어난 것이다

사이토 히토리 씨가 물이라면 나는 땅
이다.

나는 사이토 히토리 씨가 물을 줘서 땅을 촉촉하게 만
들고 초록을 키웠다.

그리고 그 안에서 현명하게 사는 것이 매우 즐거운 삶
이라는 것을 배웠다.

"똑똑하게 사는 것을 '교활함'으로 착각하는 사람이 많
은데, 우리는 모두 똑똑해지기 위해서 학교에 가는 거 아
니야?

똑똑한 사람은 절대 교활한 짓을 안 해.

지능범이라는 말도 있는데, 지능이 높은 사람은 범죄를

저지르지 않아. 범죄자는 대부분 멍청하다고 할 수 있지.

법률을 어기지 않고, 교활한 행동을 하지 않으면 부자가 될 수 있어. 물론 행복해질 수도 있지. 그리고 똑똑한 삶은 정말 즐거운 거야."

오해하지 말길 바란다. 나도 우리 제자들도 부자가 되기 위해서 히토리 씨를 만나는 것은 아니다.

히토리 씨는 항상 즐겁게 있어서, 그와 함께 있으면 우리도 덩달아 즐거워져서 그를 따라다니는 것이다.

"조금 더 즐겁고 행복해지는 방법이 있어."

히토리 씨가 이렇게 말했을 때 나는 그 방법을 실천해보기로 마음먹었다.

여기서 나와 히토리 씨의 첫 만남에 대해서 잠시 얘기해두고 싶다.

나는 30년 전에 사이토 히토리 씨와 만났다. 지압 전문 학교에서 같은 반 동기로 만났었다. 동기라고 해도 나는 18살이었고 그는 20대 중반이었다. 그만큼 나에게 있어서 히토리 씨는 인생 대선배였다.

그리고 흔히 있는 일이지만, 반에서 싸움 비슷한 트러

블이 일어났다.

그 무렵 나는 트러블이 생기면 '앗! 어떻게 해. 어떻게 하면 좋지…….' 하고 말할 뿐이었다. 같은 반 사람들도 모두 난처한 표정을 짓고 있었다.

그러나 히토리 씨만은 달랐다.

"괜찮아. 모든 사람은 행복해지기 위해 태어난 거야."

이렇게 말하면서 혼자만 웃고 있었다.

그런 히토리 씨에게 나는 어이가 없어서 "다들 난처해하고 있는데 왜 그렇게 웃으세요!" 하고 말했다.

그러자 히토리 씨는 이렇게 말했다.

"난 곤란한 일이 생기면 가슴이 뛰어. 그리고 그것을 해결하면 지혜가 생기지. 기대되지 않아? 이번에는 어떤 지혜가 나올지 말이야."

'이 사람 뭐야, 왜 이렇게 건방져.'라고 생각했다.

"곤란한 일은 생기지 않을 거야. 그런 게 인생이야. 모든 일은 자신이 만든 시나리오대로 되는 법이니까."

'뭐야, 이 사람. 진짜 이상해.'

그런 나에게 히토리 씨는 이렇게 설명했다.

"지금부터 내가 하는 이야기 믿지 않아도 돼. 그냥 흘려버려도 좋아.

사람은 죽으면 육신은 사라져 버려. 하지만 혼은 남아 있어. 혼은 하늘로 올라가 혼의 고향으로 돌아가.

죽어서 내가 혼의 고향으로 돌아가면 '내세는 어떤 사람으로 태어날 것인지'를 정해. 자신이 순조롭게 성장할 시나리오를 미리 만들어두는 거야. 그러고 나서 태어나지.

그리고 에미코도 마찬가지야. 우리는 모두 자신의 인생을 미리 결정한 후에 태어났어.

그러면 모두 세상에서 자기 자신을 가장 사랑하기 때문에 자신을 불리하게 놔두는 사람은 없지.

그래서 곤란한 일은 생기지 않는 거야.

에미코가 나쁜 짓을 하지 않아도 나쁘게 말하는 사람이 있을 거야.

그때 '이 사람은 전생에 내가 부탁한 사람일 거야. 이런 나쁜 역할을 잘 참고 약속을 지켜주니 고마운 사람이지.' 하고 감사해하면 그 사람은 자신이 맡은 역할을 끝내고 사라져 줄 거야.

그러니까 곤란한 일은 역시 일어나지 않는 거지."

사이토 히토리 씨가 이렇게 말해도 나는 전혀 이해할

수 없었다.

그러나 나도 몇 번의 역경을 경험하면서 '역경'은 나를 성장시키는 과정이다, 그것은 지금의 나에게 꼭 필요한 것이고 필연이라는 것을 깨달았다.

그러면서 '곤란한 일이 생겨버렸네. 어쩔 수 없지 뭐.'라는 말이 내 입에서 튀어나왔다.

그리고 곤경에 처한 사람에게는 내가 '곤란한 일은 생기지 않을 거야.'라고 말해주게 되었다.

그러자 나를 따르는 사람도 점점 늘어나기 시작했다.

하지만 히토리 씨의 그 말을 완전히 이해한 것은 아니다. 하나씩 문제를 해결해나가면서 조금씩 이해할 뿐이다.

그리고 그런 식으로 히토리 씨는 나를 이끌어가고 있었다.

3

모든 좋은 일이
눈덩이처럼 일어나길

우리 집은 홋카이도에서 장사를 하고
있다.

장사라고는 하지만 작은 마을에 있는 조그만 가게다.
그래서 부모님이 바쁘셔서 가게를 비울 때면 어린 내가
가게를 보곤 했다.

그리고 장사하는 집 딸이기 때문에 부모님은 어렸을 때
부터 나에게 이런 걸 가르쳐 줬다.

"손님이 부르면 '네.' 하고 대답해야 해. 그리고 웃는 얼
굴로 '감사합니다.' 하고 말해야 하고."

이 말은 뼈에 박혀서 어느샌가 자연히 내 일부가 되었
고, 손님이든 아니든 상관없이 '네.'와 웃으며 '감사합니다.'
를 말할 수 있게 되었다.

그랬더니 주변 사람들은 '에미코는 덜렁거리고 단순하 긴 하지만 그래도 착한 아이야.'라고 말하기 시작했고, 학 교에서도 학급 임원을 시켜줬다. 그리고 학생 때는 인기 도 제법 많았다.

하지만 그 대신에 내 마음은 항상 외로웠다.

왜 외로웠는지는 나도 잘 모른다. 아무 이유도 없이 황 량하고, 거칠고, 텅 빈 마음이었다.

"사람은 행복해지려고 태어난 거야. 그러니까 우선 내 가 먼저 행복해야 해.

세상은 다른 사람의 행복을 위해 내가 희생해야 한다 고 말하지만, 그건 있을 수 없는 일이야. 자신이 불행하면 남에게 행복을 줄 수 없어.

모금도 마찬가지야. 수중에 돈이 없으면 모금을 할 수 없잖아. 그러니까 우선은 내가 먼저 행복해야 해.

나는 촛불 같은 인생을 살고 싶어.

촛불은 자신을 태우면서 주변을 환하게 비추잖아. 그리 고 자신의 불길을 남에게 나눠줘도 불길은 꺼지지 않고, 꺼지기 직전에는 불길이 가장 크잖아.

나도 촛불처럼 다른 사람의 마음에 불을 켜주면서 살

고 싶어."

"내가 먼저 행복해야 한다."

이 말을 들었을 때, 지금까지 부모님이나 학교 선생님들이 가르쳐준 '세상의 상식'에 맞춰 살아온 나는 어떤 깨달음을 느꼈다. 그리고 이유는 알 수 없지만 감동했다.

감동은 했지만 어떻게 해야 행복해질 수 있는지 몰랐고, 당시의 나에게는 행복해지면 부자가 될 거라는 막연한 생각밖에 없었다.

하지만 사이토 히토리 씨의 생각은 달랐다.

"작가는 책을 쓸 때 주제를 먼저 정해놔. 그리고 그 주제에 맞춰서 말을 이어나가지. 나는 인생도 주제가 중요하다고 생각해.

나는 내 인생의 주제를 '행복'이라고 정했어. 그래서 나는 어떤 일이 있어도 즐겁고 편안하고 행복한 거야.

하지만 개중에는 인생의 주제를 비극으로 정해버리는 사람도 있어. 그런 사람은 이렇게 좋은 나라에 태어났어도 슬프고, 부모님이 사랑으로 키워줘도 슬픔을 느끼지. 그리고 부모님에게 사랑을 못 받아도 슬픔을 느껴.

즉 행복은 생각에 있어."

그래서 나는 생각을 바꾸기로 했다.

그러나 현실은 험난해서 그렇게 쉽게 생각을 바꿀 수는 없었다.

"에미코는 부모님이 항상 '네.'라고 대답하고 웃는 얼굴로 '감사합니다.'라고 말하라고 해서 행복하지 않은 거야?"

히토리 씨는 이렇게 말했지만, 사실은 같은 반 친구들과 트러블이 자주 일어나서 고민이 많았었다.

학교를 졸업한 후 지압사가 되어도 모르는 것이 많아서 내 자신이 부끄러운 적도 있었다.

나는 그때마다 '사람은 꼭 행복해야 하는 건가요?' 하고 히토리 씨에게 물었다.

"지장보살이 있어. 땅 지(地)에 감출 장(藏)을 쓰지. 그리고 땅속은 보물로 가득 차 있어. 돈, 우라늄, 석유 그 모든 것이 땅속에 묻혀있지. 음식도 마찬가지야. 쌀과 채소도 땅에서 나오잖아.

그러니까 우리는 보물 위에 살고 있는 거야.

우리가 행복을 느끼지 못하는 이유는 마음이 텅 비어 있기 때문이지.

풍족한 마음으로 세상을 바라봐. 그러면 내가 지금 행복하다는 것을 깨닫게 될 거야."

하지만 어떻게 해야 마음이 풍족해지는지 몰랐다. 그랬더니 히토리 씨가 마음을 풍족하게 만드는 주술을 알려주었다.

"모든 좋은 일이 눈덩이처럼 일어나길."

이것은 내가 아니라 남을 위해 비는 주술이었다.

"마음이 따르지 않으면 무엇을 해도 안 된다고 말하지만, 그것은 거짓말이야. 마음이 따르지 않으니까 말의 힘을 빌려야 하는 거야. 말에는 언령이라는 힘이 있어. 마음이 채워지는 말을 하면 텅빈 마음을 가진 사람도 마음이 풍족해질 수 있어. 이것이 바로 언령의 힘이야.

일단 해보면 알게 될 거야."

해 보면 안다는 말은, 하지 않으면 언령의 힘을 모른다는 뜻이다. 그래서 나는 일단 해보기로 다짐했다. 언령의 힘을 믿는 사이토 히토리 씨가 마음이 풍부한 사람처럼 보였기 때문이다.

그리고 전철에서 만난 사람, 승무원, 가게 주인아저씨, 아주머니, 모르는 사람부터 아는 사람까지 내가 만난 모든 사람에게 이 주술을 빌었다.

'모든 좋은 일이 눈덩이처럼 일어나길.'

내 마음에 사랑이 없으면 다른 사람의 행복도 빌어줄 수 없다고 생각했는데, 이 주술을 외우자 마음에 사랑이 차오르고 풍족해진 기분이 들었다.

기뻤다. 이 사실을 히토리 씨에게 말했더니 그는 이렇게 대답해주었다.

"사람의 욕심은 끝이 없는 거야. 받으려고만 하지 말고, 남에게 무언가를 해줘도 내 손에 들어오는 건 있는 법이야."

그 말의 의미는 이해할 수 없었지만, 기쁨이 컸기 때문에 질문은 다음으로 미루어두기로 했다.

4

나를 사랑하고,
남을 사랑하라

하지만 얼마 가지 않아, 나는 빨리 뜨거워지고 빨리 식는 사람인지 마음속에서 또다시 외로움이 꿈틀거리기 시작했다.

정말 평생 외로운 인간이 되어버릴 것만 같았다. 그러나 '마음에 가을'이 찾아오는 건 너무나 싫었다.

이렇게 멍하니 지내는 동안에 계절까지 가을로 바뀌었다.

어느 날 문득 생각했다. '가을은 쓸쓸한 계절이다.' 이 말을 좋아했다면 난 외로운 인간이 되지 않았을 텐데, 하고.

그리고 히토리 씨를 찾아가 이렇게 말했다.

"선생님, 가을은 쓸쓸한 계절이잖아요. 그런데 저는 그 쓸쓸함이 도가 지나쳐서 외로워 죽겠어요."

히토리 씨는 뭐라고 대답했을까?

"에미코, 가을은 쓸쓸한 게 아니라 맛있는 거야."

나는 또다시 바보가 된 것 같았다.

확실히 가을은 천고마비의 계절이다. 그래서 맛있을지도 모르지만, 가을이 되면 북풍이 불어오고 나뭇잎도 떨어진다.

세상 모든 사람이 가을은 쓸쓸하다고 말하지 않는가.

하지만 내가 쓸쓸하다고 생각하니까 외로워지는 거라고 히토리 씨는 말했다.

"'가을은 쓸쓸하다.' 이 생각을 고치는 것은 간단해. 이렇게 해봐."

그리고 이 방법을 가르쳐 줬다.

'나를 사랑하고 남을 사랑한다. 언제나 친절하고, 웃는 얼굴을 지닌다. 남의 험담은 절대 하지 않는다. 장점을 칭찬하려고 노력한다.'

처음에는 조금 망설였다. 이것을 실천하는 것과 가을을 '맛있다.'라로 바꾸는 것이 어떤 연관이 있는지 몰랐기 때문이다.

무엇보다 '남을 험담하지 말라.'는 당시의 나로서는 엄청난 인내심이 필요한 것이었다.

하지만 히토리 씨는 두 발로 버티고 있는 내 등을 밀어

주었다.

"에미코, 에미코는 천당과 지옥, 어디를 가고 싶어? 천국은 밝고 풍족한 곳이야. 지옥은 작은 불빛 하나 없이 어두운 곳이지. 어디에 누가 있는지도 모르고 말이야. 에미코는 어디로 가고 싶어?"

그야 당연히 나는 천국에 가고 싶다고 말했다.

"그럼 천국행 티켓을 사기 위해 저금한다는 생각으로 이걸 해봐. 천국에는 남을 험담하는 사람도 없고, 뾰로통한 사람도 없어. 그런 한심한 사람은 천국에 들어갈 수 없어."

나도 각오하고 천국행 티켓을 사는 데 동참하기로 했다.

'나를 사랑하고 남을 사랑한다. 언제나 친절하고, 웃는 얼굴을 지닌다. 남의 험담은 절대 하지 않는다. 장점을 칭찬하려고 노력한다.'

그때 나는 천국에 가고 싶어서 필사적으로 이 맹세를 되뇌었지만, 사실 이 맹세는 '나'를 지우고 사랑을 키우는 방법이었다.

5

'나를 사랑하라'는
에고가 아니다

이런 이유로 '나를 사랑하겠다고' 맹세한 나는, 그 순간부터 맹세를 실천하지 않을 수 없었다.

사실 나는 처음에는 '나를 사랑하고, 남을 사랑하라.'라는 말 뜻을 이해하지 못했다.

나를 사랑하라는 말도 이해할 수 없었지만, 순서를 바꿔야 하는 게 아닌가 하고 생각했다.

'남을 사랑하고, 나를 사랑하라.'라고 말이다.

나를 먼저 사랑하는 건 에고가 아니다, 그건 너무 졸렬하다고 생각했다.

하지만 히토리 씨 앞에서 '내가 왜?'라고 말하거나, 남의 험담을 하면 '에미코, 맹세 읊어봐.'라고 말했다.

내가 오기가 생겨서 '남을 사랑하고 나를 사랑하라.'라고 읊으면 그는 '틀렸어, 나를 사랑하고가 먼저잖아.'라며 수정해 주었다.

나는 왜 '나를 사랑하고'가 먼저인지 도저히 이해할 수 없었다.

그리고 히토리 씨에게 그 이유를 설명해달라고 말해도 그는 이렇게 대답할 뿐이었다.

"머리로는 이해해도 경험하지 않으면 마음은 이해 못 해. 이것은 스스로 경험해서 마음으로 깨달을 수밖에 없어."

나는 어쩔 수 없이 '나를 사랑하고 남을 사랑하라.'는 우선 접어두고, 지금 할 수 있는 것부터 해보기로 했다.

상냥함과 미소, 이건 어렸을 때부터 부모님에게 자주 들어온 말이라서 쉽게 노력할 수 있었다. 그리고 어느 정도 그럭저럭 잘할 수 있었다.

그런 다음 '장점을 칭찬하라.'도 마음만 먹으면 하면 할 수 있었다. 나는 남들에게 칭찬받는 것을 좋아한다. 그러니까 남도 잘 칭찬할 수 있을 거라고 생각했다.

그러나 '남을 험담하지 않는다.'가 조금 힘들었다. 참으면 가능하겠지만, 나는 참을 생각이었지만 정신을 차리면 화를 내고 있었다.

"신이시여, 용서하소서. 나는 지옥에 가고 싶지 않습니다."

서둘러 맹세의 말을 하고 머릿속으로 처음부터 다시 했다. 그것을 몇 번이나 반복했다.

그리고 이것을 반복하는 동안에 지혜를 얻을 수 있었다. 그때 문득 생각했다.

'맞아, 나는 다른 사람을 잘 칭찬하니까 누군가를 험담하기 전에 그 사람의 좋은 점을 찾아서 칭찬해주자. 입은 하나니까 남을 칭찬하는 동안에는 험담할 수 없겠지.'

그러자 이상하게도, 평소에 단점만 눈에 보였던 사람도 의외로 장점이 보이기 시작했다. 지금까지 나는 단점만 봐왔기 때문에 그 사람을 나쁘게만 생각했던 것이다.

그리고 사람은 반드시 좋은 점을 가지고 있다. 그것을 깨달은 후부터는 그 좋은 점을 칭찬해주었다. 칭찬은 고래도 춤추게 하므로 내가 칭찬해주자 상대는 매우 기뻐했고, 그 사람에게 있어서 나는 소중한 존재가 되었다.

그러자 이전까지는 내 험담의 대상이었던 그 사람이 '에미코를 알게 돼서 참 다행이야.', '에미코가 칭찬해주니까 너무 기뻐.'라고 말해주었고, 어느새 나와 친한 사이가 되었다. 그리고 '나를 사랑하라.'는 이러한 것이란 걸 깨달았다.

그리고 모두가 나와 친해지고 싶어 해서 너무나 기뻤

고, 남을 험담하기보다는 칭찬해주는 것이 훨씬 즐거운 일이라는 것을 깨달았다.

또 '이번에 만나면 어떤 칭찬을 할까?'라는 생각으로 가슴이 뛰었다.

누군가를 칭찬하면 내 마음이 즐거워지니까 더 많이 칭찬해주고 싶었다.

'무슨 말을 하면 기뻐할까?'를 생각하는 것만으로도 가슴이 따뜻해졌다. 그러자 주변이 모두 사랑스러워졌다. 사랑이 충만해진 것이다.

그리고 나는 소중한 존재지만 그것을 알아준 사람들도 나에게 있어서는 매우 소중한 존재라는 것을 깨달았다.

'나를 사랑하고 남을 사랑하라.'의 의미를 완전히 이해할 수 있었다!

그리고 그때 나의 깨달음을 증폭시켜주는 이상한 일이 일어났다.

6

사람 자체가
사랑과 빛의 결정체이다

'나를 사랑하고 남을 사랑하라.'를 깨달은 지 얼마 지나지 않은 어느 날. 잠깐 볼일이 있어서 외출하게 되었다.

몸을 단장하고 현관에서 신발을 신으려고 하는데 깜박하고 창문을 닫지 않은 게 생각이 나서 창문을 닫으러 방으로 들어갔다. 그리고 역에 도착해서는 잊어버린 물건이 생각나 다시 집으로 되돌아갔다. 이렇게 해서 예정보다 10분 늦게 그 장소에 도착했다.

그리고 도착해서 깜짝 놀랐다. 딱 10분 전에 그곳에서 교통사고가 발생한 것이다. 나는 아슬아슬하게 사고를 피할 수 있었다.

그때 나는 이렇게 생각했다.

'수호신이 나를 지켜줬구나.'

사이토 히토리 씨는 이전부터 나에게 인간의 몸은 수호신이 지켜준다고 말했었다. 하지만 그건 눈에 보이지 않는 세계다. 그래서 솔직하게 말하면 나는 그 말을 믿지 않았다. 하지만 이 일로 수호신이 있다는 것을 깨달았다. 수호신은 보이지 않는 세계에서 나를 지켜주고 사랑해주고 있었다.

보잘것없는 존재에 하찮은 지압사라고 생각한 내가 이렇게 많은 사랑을 받고 있다는 것을 알았을 때 감사의 마음이 솟구쳤고, 마음이 사랑으로 충만해졌다. 그러자 그 사랑을 주변에 더 많이 나눠주고 싶어졌다.

이제 더 이상 가을은 쓸쓸한 것이 아니라 군고구마가 먹고 싶은 계절이 되었다. '가을은 맛있다.'가 된 것이다.

나는 이런 내가 자랑스러워서 히토리 씨에게 이 사실을 알렸다.

"선생님, 역시 가을은 맛있어요. 저, 왜 제가 불행하다고 생각했는지, 왜 가을이 쓸쓸했는지 이제 알았어요. 제 마음에는 늘 사랑이 없었어요. 하지만 이 맹세를 했더니 제가 정말 많은 사랑을 받고 있다는 것을 깨달았고, 그래서 제 안에서도 사랑이 충만해졌어요. 그랬더니 많은 사람이 자와 즐겁게 만나주더라고요. 지금 저는 진심으로 저 자신을 사랑하고 있어요."

내 이야기를 듣고 히토리 씨는 웃으면서 이렇게 말했다.

"에미코, 그건 달라. 에미코에게는 처음부터 사랑이 있었어.

사람은 모두 사랑을 가지고 있지.

왜냐하면 사람은 신의 사랑과 빛으로 만들어졌거든. 사람 자체가 사랑과 빛의 결정체야.

그걸 모를 뿐인 거지. 사랑과 빛의 결정체가 어둡게 살면 힘든 것은 당연해.

어둡게 사는 것은 신에게 저항하는 거니까 당연히 힘들 수밖에.

그러니까 어둡게 사는 것보다 '우리는 사람과 빛의 결정체'라는 것을 깨닫고 사랑을 주면서 밝게 사는 것이 좋아.

원래가 그런 거야. 그러니까 원래의 모습으로 돌아오면 돼. 그러면 행복해질 거야.

그래서 사실 행복에는 그 어떤 노력도 필요 없어.

그래, 사람은 행복해지면 오로라가 커져. 사람의 몸에서 오로라가 나오는 게 아니야. 오로라 안에 사람이 있는 거야.

이 오로라가 최고의 방호벽이야. 나쁜 일을 전부 막아주는 방호벽이지.

그러니까 사람은 동물처럼 털이 덥수룩하지 않아도, 어금니가 크지 않아도 당당하게 살아갈 수 있는 거야.

행복을 느끼고 사랑을 느끼면 이 방호벽은 상당히 커져. 그래서 안도감이 생기는 거야.

그리고 이것이 어두워지면 방호벽은 작아지지. 자칫하다가는 오로라가 아예 몸속으로 들어가 버릴지도 몰라.

그러면 엄청난 공포를 느끼게 될 거야."

말을 잘못하면
불행을 불러온다

      사람들은 오로라와 수호신의 차이를 알까?

나는 오로라를 수호신이라고 생각했다. 하지만 사이토 히토리 씨는 오로라와 수호신은 약간의 차이가 있다고 말한다.

"수호신은 사람 한 명 한 명을 따라다니면서 보살펴주는 신이라 인간의 몸을 항상 지켜줘.

하지만 수호신이 몸을 지켜주는데 담배를 많이 피우거나 술을 많이 마시는 등 몸에 나쁜 행동을 하면 몸은 병에 걸리게 돼.

이것과 마찬가지로 수호신이 우리의 몸을 지켜주지만, 이렇게 좋은 나라에서 태어났는데 불행하다고만 생각하고 나쁜 것만 생각하면 몸은 망가질 거야.

그러니까 수호신은 뭐랄까, 자연치유력 같은 게 있는 거야.

그리고 오로라는 나쁜 일을 모두 막아주는 방호벽이고.

에미코는 생각을 바꾼 것만으로도 '쓸쓸한 가을'에서 '맛있는 가을'이 됐어. 결국은 생각이 나빴던 거야. 나쁜 생각을 바꿨더니 오로라가 커져서 '맛있는 가을'이 된 거지.

인간이 불행해지는 이유 중 우선 몸이 나빠지는 이유는 좋지 않은 음식 때문이야. 하지만 또 하나, 생각이 나쁘면 오로라는 작아져.

수호신이든 오로라든 하나만 없어도 인간은 불행해지는 거야."

그리고 생각은 말로 나오기 마련이다. 히토리 씨는 말의 중요함에 대해서도 말했다.

"우리는 행복해지기 위한 수행을 하러 이 세상에 태어났어.

그 수행은 말투야.

인간의 모든 장기 중에서 자유로운 것은 폐뿐이야. 위

와 심장은 내 의지대로 빨리 움직이게 할 순 없지만, 폐는 자유롭게 숨을 들이마시고 내쉴 수 있어. 이 폐의 연장이 입이야. 입도 자유롭게 움직일 수 있지.

그리고 깨달음(惡)이라는 글자는 마음 심(心)에 다섯 오(伍)와 입 구(口)자를 붙여서 써. 다섯 개의 손가락으로 자신의 입을 가리킨다는 뜻이야. 입이 이해하면 깨달음이 돼. 그러니깐 깨달음이란 입을 말하는 거야.

우리는 입안에 들어온 것은 마시고 먹어. 이것을 잘못하면 병에 걸리지.

그래서 입에서 나오는 것도 중요한 거야. '쓸쓸한 가을'이었을 때보다 '맛있는 가을'이 된 지금이 행복하지?

이처럼 나오는 말이 잘못되면 불행을 불러. 즉, 불행이라는 현상은 입에서 나오는 말이야."

나의 '쓸쓸한 가을'은 내 마음에 사랑이 없었기 때문이 아니라 사랑이 담긴 말을 입 밖으로 꺼내지 않았기 때문이었다.

"인간은 혼자서 살 수가 없어. 사람(人)이라는 글자만 봐도 서로 기대고 있잖아. 인간(人間)이라는 것은 사람(人)

사이(間)이니까 앞에도 뒤에도 좌우에도 사람이 있는, 즉 사방에 사람이 있는 것이 '인간(人間)'인 거야.

하지만 인간이 '인간(人間)'이 아닌 경우도 있어. 그저 사람'(人)'인 경우 즉, 앞뒤만 있고 옆은 없는 경우도 있어. 그래도 사실은 주변에 사람은 많아.

이를테면 시골에 가면 멀리 떨어진 곳에 덩그러니 지어진 집이 있을 거야. 저런 곳에 덩그러니 있으니 외롭겠다고 말하지만, 전혀 외롭지는 않아. 사는 곳이 떨어져 있어도 사람들과 매우 사이좋게 지내고 있거든. 가을이 되면 마을 잔치를 하거나 가을 제사를 지내면서 '인간'으로 살아가니까 외롭지 않은 거야.

외로울 때 '사람'이 되는 거야.

불쑥 나타나서 남에게 상처 주는 말을 해버린다, 그 횟수가 많을수록 남에게 미움을 받게 돼.

하지만 사람은 말 한마디로 기쁨을 주거나, 자신을 좋아하게 만들 수도 있어.

에미코는 사람들과 어울리는 것을 좋아하니까 '인간'으로 살고 있는 거야. '쓸쓸한 가을'이라는 생각이 잘못된 것이라는 걸 깨닫고, 맹세를 실천하면서 사람들에게 자기 중요감을 심어주었어. 그래서 모두에게 사랑받은 거야. 에미코의 인간관계가 매우 좋아진 거지."

  그때 모든 것을 이해할 수 있게 되었다. 그리고 앞으로
도 애정 담긴 말을 해서 '맛있는 가을'로 행복하게 지내기
로 다짐했다.

8

나쁜 사람과 이상한 사람은
피하는 게 상책이다

'나를 사랑하고 남을 사랑하라.'는 맹세를 하고, 내가 행복한 인간이라는 것을 깨달아 행복했다. 하지만 그래도 나에게는 때때로 인상을 찌푸릴만한 일이 생겼다.

남을 험담하고 싶을 때는 험담이 아닌 칭찬하는 습관을 들였지만, 도무지 칭찬이 안 나오는 사람도 있었다.

'저 사람은 절대 용서할 수 없어!'

이렇게 결정한 후부터는 용서하지 못한 내 자신을 비난할 뿐이었다.

남을 용서하지 못하는 나를 용서할 수 없게 되자 괴로움은 커져만 갔다. 게다가 해결책도 보이지 않았다.

'왜 나는 사람을 용서하지 못하는 걸까, 어떻게 하면 남

을 용서하는 인간이 될까.'

이것만 생각할 뿐 현실은 아무것도 바뀌지 않았다.

나는 사이토 히토리 씨에게 상담했다. 그랬더니 히토리 씨는 이렇게 말했다.

"사람을 용서하지 못하는 것은 그 사람이 용서받을 수 없는 인간이기 때문이야. 자네 마음이 아직 용서하고 싶지 않아서 용서할 수 없는 거야. 그 마음은 어쩔 수 없어. 그러니까 용서할 필요는 없지. 그것이 대전제야."

그때 나는 모든 사람을 용서할 줄 아는 인간이 되어야 한다고 생각했었다. 그래서 히토리 씨의 이 말에 기겁했다.

더 놀라운 건 다음에 한 말이었다.

"아무래도 용서가 안 되는 사람을 대처하는 방법은, 그 사람과 만나지 않는 거야. 그 사람과 될 수 있는 한 만나지 않고 거리를 두는 거지."

하지만 나는 그 사람을 사랑했다. 나처럼 사랑으로 태어난 사람이니까 그 사람과 멀어질 수는 없었다. 그 사람을 사랑하는 방법을 알고 싶었다.

그래서 히토리 씨의 조언을 받아들일 수 없었고, 그 사람의 장점을 찾으려고 부단히 노력했다.

하지만 그 사람과 만날 때마다 싸움이 일어났다. 더욱

더 용서할 수 없었고, 용서하지 못하는 내가 한심했다. 그 것을 몇 번이나 반복했다.

그런 나를 보았는지 히토리 씨는 어느 날 이렇게 말했다.

"사람이 사람을 용서하지 못하는 이유는 미련이 남았기 때문이야. 그러니까 에미코도 '나는 이 정도밖에 안 되는 사람'이라고 생각하면 안 돼. 그리고 사람을 용서하기 전에 자신을 먼저 용서해야 해.

'나를 사랑하고 남을 사랑하라.'처럼 우선은 자신을 먼저 사랑해야 해.

그리고 용서하지 못하는 자신을 진심으로 용서해주는 거야.

원래 세상에 절대 용서가 안 되는 사람은 한두 명 정도 있어.

에미코는 어떤 사람이 용서가 안 돼? 한 사람이야? 한 사람이라면 괜찮은 편이네.

왜냐하면 '모든 생선은 다 싫어!'라고 말하는 것은 문제가 있어. 하지만 '난 고등어 싫어.'라고 말하는 건 딱히 문제가 없지.

에미코는 지금까지 사람을 얼마나 만났을까? 대략 몇

천 명 정도는 만났을 거야. 그중에서 고작 한 명이라는 것은 확률적으로 매우 적은 숫자이지 않을까?

그러니까 많은 사람을 용서하지 못하는 것이 문제야. 300명? 그 정도라면 좀 많은 수준이겠다."

그래도 나는 받아들일 수가 없어서 히토리 씨에게 다시 질문했다.

"하지만 선생님은 모든 사람을 용서하잖아요. 저도 선생님처럼 마음이 넓은 사람이 되고 싶어요."

그랬더니 히토리 씨는 웃으면서 이렇게 말했다.

"솔직히 말하면 나는 내가 대단한 인간이라고 생각했어. 하지만 그 생각은 틀렸지.

나쁜 사람이 내 앞에 나타나지 않았던 것뿐이야.

나쁜 사람이 없었으니까 나는 온화했던 거고, 훌륭한 인간이 되었다고 생각했지만 최근 나쁜 사람이 나타났어.

그러고 난 생각했지.

'저 자식, 부숴버릴 거야!(웃음)'

난 이전과 바뀌지 않았어. 아직 훌륭한 사람이 되지 않은 거야."

그리고 히토리 씨는 용서할 수 없는 사람이 생기면 굳이 용서하지 않는다고 했다. 그뿐만 아니라 '너같이 나쁜 놈은 처음 봐!' 하고 못된 말도 내뱉는다고 했다.

그리고 그 자리에서 떠난다.

남을 사랑하라고 했지만, 서로 결이 맞지 않으면 그 사람을 만나지 않으면 된다.

그것을 세상은 가족이니까 친척이니까 만나야 한다고 말하지만, 떨어져 있어도 가족은 가족이고 친척은 친척이다. 회사 동료라서 직장에 함께 있어야 한다면 무시하거나 말을 섞지 않으면 된다.

떨어질 수 없는 이유를 먼저 생각하는 것은 어리석다. 사실은 이미 멀어지는 중이다.

싸움은 제일 좋지 않다. 싸웠다면 멀어져라.

기차와 정면으로 충돌하면 죽을 것이다. 하지만 2~3m 떨어지면 바람이 부는 정도로 끝날 것이다.

제5장

용서와 사랑,
화해의 장

1

멀리 떨어지면
다 용서할 수 있게 된다

"피하면 바람만 분다."

사이토 히토리 씨가 한 말을 믿고, 가능한 그 사람을 만나지 않기로 했다.

그러고 몇 년이 지난 어느 날, 도저히 용서할 수 없었던 그 사람과 오랜만에 다시 만나게 됐다.

그때 그 사람은 내가 싫어하는 행동을 전혀 하지 않았다. 그 후에도 잠깐씩 만날 기회가 있었는데, 그 사람은 좋은 사람이었다.

'어떻게 된 일이지?' 나는 생각했다. 히토리 씨에게 말하자 그는 이렇게 말했다.

"그건 에미코의 사랑이 커져서 허용범위가 넓어진 거야.

사랑이 커질수록 허용범위가 커져서 상대를 이해할 수 있게 되는 거지. 그래서 싫어하는 행동이 눈에 보이지 않는 거야.

하지만 이렇게 허용범위가 커질 때까지는 서로 떨어져 있어야 해.

왜냐하면 미사일이 날아오는 곳에서 대책을 짜면 모두 죽게 되잖아.

미사일이 날아오지 않는 곳으로 피한 다음에 대책을 짜야 하는 거야.

일단은 떨어져 있어야 해. 떨어져 있으면 나도 살고, 상대방도 살릴 수 있어. 그래서 먼저 떠나 준 사람이 똑똑한 거야.

싸움은 파는 인간이 있고, 사는 인간이 있어. 이건 장사와 같아. 팔지도 않고 사지도 않으면 싸움은 일어나지 않아.

항상 따라다니면서 자신이 옳다고 말하니까 싸움이 일어나는 거야. 조금 멀어지면 상대도 피할 수 있고, 쓴맛도 보지 않게 돼.

어떻게 저 사람을 용서할지, 사실 저 사람은 좋은 사람인데라고 생각하니까 용서가 안 되는 거야.

그렇게 생각해도 화는 가라앉지 않으니까, 더 심한 말이 나오기 전에 조금 떨어져 있는 게 좋아.

조금 떨어져서 마음이 안정됐다면, 다음은 어떤 수행을 하지 생각하면 돼. 항상 붙어있는 채로 마음이 불편해지면 다음 대책을 세울 수 없어. 물론 사랑도 커지지 않지."

그리고 내 경우도 일단은 잠시 떨어져 지냈지만, 그것은 같은 시간과 같은 공간을 공유하는 것에서 벗어난 것뿐만 아니라, 머릿속에서도 그 사람을 완전히 배제 시켰다. 옛이야기를 꺼내기는커녕 아예 생각조차 하지 않았다.

그 덕분에 히토리 씨 밑에서 다양한 경험과 수행을 했고, 어느샌가 나는 사랑이 커져서 남을 용서하는 인간이 되었다.

다만 아무나 용서하는 것이 아니라, 내 허용범위 안에서 용서할 수 있는 사람만 용서했다.

"내 허용범위를 초과하는 사람이 나타나면 역시 용서하기는 어려워져. 내가 소화할 수 없는 사람이기 때문이지.

그때는 어떻게 해야 좋을까? 나는 그럴 때 '이 사람은 해도 해도 너무하다.'고 생각하고 관계를 싹뚝 잘라버려면 돼.

대체로 사람이 사람을 용서하지 못할 때는 나의 어리석음을 남 탓으로 돌려. 이를테면 사람을 제대로 판단하지 못한 어리석음이지.

우리는 독버섯은 먹지 않잖아. 독버섯을 먹으면 죽을 게 뻔하니까.

그때 버섯이 나쁘다고 생각할지 독버섯을 알아보지 못한 내가 나쁘다고 생각할지 그 문제라고 봐 난.

그리고 그런 경험을 통해 깨달음이 있는지 없는지도 중요하지.

인간은 한 번도 실패하지 않을 정도로 똑똑하지가 않아. 하지만 같은 수법을 두 번 당할 정도로 바보도 아니지.

그러니까 같은 수법을 두 번 당하지 않으면 돼. 다음에 비슷한 사람이 나타났을 때 잘 대처하면 되는 거야.

에미코는 이전에 그 사람을 싫어했었잖아? 그걸 잘 기억하면 돼.

그리고 다음에 그런 사람이 또 나타나면 분위기를 살피고 멀어지면 되는 거야. 그러면 이전과 같은 일은 일어나지 않을 거야.

이것을 완벽하게 할 수 있을 때, 전에 만났던 나쁜 사람은 에미코에게 인생을 알려준 사람이 되는 거야.

그리고 나에게 지혜를 준 사람이라는 생각이 들 때, 그때 비로소 그 사람을 용서할 수 있게 되는 거야.

하지만 사실은 용서한 것도 용서하지 않은 것도 아니야. 멀리 떨어지면 다 용서할 수 있게 돼.

만나지도 않는 사람을 계속 미워하는 것도 끈기가 있어야 하는 거야.

'평생 용서 못 할 거야!'

이렇게 생각했던 일도 1년이 지나면 다 잊힐걸?

인간은 말이야, 그렇게 끈기가 강하지 않아."

2

한 방에 상대방을
박살 내는 방법

덕분에 나는 히토리 씨의 조언을 통해 내가 용서할 수 있는 범위의 사람만 만났고, 행복한 나날을 보낼 수 있었다.

그래서 상대를 완전히 제압해야 직성이 풀리는 사람을 보면 왜인지 불쌍하게 보였다. '좀 더 똑똑해지면 좋을 텐데……' 하고 생각했다.

하지만 히토리 씨의 이야기를 들어보니 그건 쓸데없는 참견이었다.

"선택은 멀어질지 박살 내버릴지 이 두 가지야. 나는 호되게 당한 적도 있어서 그런 건 하고 싶지는 않아. 하지만 정말 박살 내고 싶다면 한 번은 혼쭐내 주는 것도 좋지 않을까? 이것도 두뇌 싸움이야."

나는 히토리 씨가 어떻게 박살 낼지 흥미진진했다. 그리고 히토리 씨의 말에 또다시 경악했다.

"이를테면 머리가 매우 좋은 원리원칙 상사가 있어.

'이것도 못 해!'라며 사람들을 바보로 만들어버리는 사람이지. 그 자식이 설교를 늘어놓을 때 나 같으면 이렇게 받아버릴 거야.

'당신이 하는 소리는 개집을 파면 캐비아가 나온다는 말이랑 똑같아.'

딱히 어려운 것도 아니잖아. 내가 알고 있는 단어 중에 서로 전혀 관계가 없는 두 단어를 조합해서 날려버리는 거야. 연어에서 캐비아가 나온다는 말도 좋아.

그러면 상대의 머리는 착란이 일어나. 원리원칙만 생각하는 녀석일수록 더 심한 착란이 일어나지.

녀석이 혼란스러워하면서 그 말의 뜻을 물으면 '그런 것도 모르냐!'라는 표정으로 절대 상대해주지 않는 거야.

도쿄대를 나올 정도로 똑똑한 사람이 나 같은 사람한테 개집 소리나 들었으니, 그것은 컴퓨터바이러스처럼 사고회로를 혼란 시켜서 착란상태에 빠트리는 거야.

그리고 그 의미를 되물었다는 것은 자신이 바보가 되었

다는 것과 같은 맥락이니까 멍해질 수밖에 없는 거지.

'도쿄대를 나왔다는 사람이, 그런 것도 하나 모르고, 일일이 얘기하기 귀찮으니까 정 알고 싶다면 다른 사람한테 가서 물어봐.'

이렇게 말하면 머리는 더 멍해질 거야.

그러면 이제 나는 편안해지고 상대는 괴로워지는 거지.

말은 왔다 갔다 주고받아야 하기 때문에 똑똑한 사람을 이길 수 없어. 그래서 말이 아니라 뇌에 바이러스를 먹여야 해. 이것이 박살 내는 고차원적인 방법이야."

이게 히토리 씨의 '한 방에 상대방을 박살 내는 방법'이다. 추격할 수단도, 시간도 필요 없는 아주 훌륭한 방법이다.

하지만 히토리 씨가 이렇게 한 것은 본 적이 없다. 다른 사람에게도 히토리 씨가 누군가를 박살 냈다고 한 소리를 들은 적도 없다.

"뇌의 바이러스는 무서운 거야.

나는 바이러스를 침투시키는 방법도 알고 있고, 바이러스의 무서움도 알고 있어.

그래서 그런 짓을 하지 않고 재빨리 피하는 거야. 그것이 나를 위한 거고, 상대방을 위한 거지.

게다가 승패는 주변 사람이 보고 결정해 줘. 주변은 상대를 보기 좋게 이긴 사람을 대단하게 생각하지 않아.

그렇다면 피하거나 도망가는 사람이 더 똑똑한 거 아닐까?

덤비는 사람은 덤비는 것만 할 수 있어. 그것도 있는 힘껏 덤비지.

그런 상대를 바꾸려고 하는 것은 똑똑해지라고 강요하는 것밖에 안 돼. 그리고 그런 사람은 절대 똑똑해질 수 없어.

왜냐하면 상대는 원래 똑똑하지 않기 때문이야.

세상에서 똑똑해지는 사람은 나 자신뿐이야. 그리고 자신이 배움의 길로 나서야 하는 거야.

상대방이 똑똑해져도, 그건 내 공부가 되지 않아."

지금의 나는 이전의 나와 비교해서 사랑을 담아 남에게 말할 수 있게 되었고, '맛있는 가을'이 되었고, 조금은 똑똑하게 되었다. 하지만 그것과 남의 공부는 관계가 없다.

그 사람은 그 사람이 짊어진 결정에 따라서 배우는 것

뿐이고, 나는 내가 결정한 '한 단계 위'를 밟아갈 뿐이다. 그러니까 역시 곤란한 일은 일어나지 않는다.

그리고 지금도 나는 '한 단계 위'로 나아가고 있다.

그럼, 방향을 어디로 잡고 '한 단계 위'로 나아가야 할까?

그건 역시 이거다.

사랑을 더 많이 키워서 더 많은 사람에게 촛불을 켜 주자.

3

사람들의 마음에
촛불을 켜야 한다

완벽하지는 않지만 '나를 사랑하고 남을
사랑하라.'라는 맹세를 실천할 수 있게 되었고, 용서할 수
없는 사람이 나타났을 때 대처를 잘한 내 자신을 보면서
'나도 이제 사랑이 많이 커졌구나.' 하고 실감하기도 했다.

그러나 나는 더 많이 사랑을 키우고 싶었다. 사랑을 무
한대로 키우고 싶었다.

왜냐하면 히토리 씨가 항상 이렇게 말했기 때문이다.

"인간은 한계가 없는 창조물이야."

이 말은 내 사랑도 끝없이 커질 수 있다는 뜻이었다.

또한 히토리 씨는 이렇게 말한 적도 있다.

"원숭이에게도 사랑은 있어. 그리고 사람은 원숭이를

걱정해. 물고기도 걱정하지. 포획 금지라든가, 자연 보호를 외치면서 말이야. 이전에는 따오기를 포획했지만 지금은 보호하고 있어.

인간의 정신이 점점 성장하니까 인간의 사랑도 점점 커진 거야.

정신을 계속 성장시키는 한 인간의 사랑은 점점 커질 거야. 그리고 사랑이 계속해서 커지는 한 매력도 점점 늘어나겠지."

그래서 나도 정신을 더 키워서 사랑을 무한으로 키우고 싶었다. 그리고 그러기 위해서 정신을 성장시키는 수행을 계속했다.

내가 지금 말하는 수행은 속세를 벗어나 폭포에 앉아 좌선을 하는 게 아니다.

내가 히토리 씨에게 배운 수행은, 사람을 만나고 일을 하는 일상생활 속에서 '나는 행복하다, 태어나길 잘했다.'라고 항상 생각하는 것이다.

왜냐하면 내가 차 있지 않으면 '나'가 나오기 때문이다. 히토리 씨는 이렇게 말했다.

"사랑하는 사람에게 버림받으면 스토커가 되는 사람이 있어. 그리고 조국애 때문에 전쟁을 일으키는 경우도 있지.

사람은 에고와 비슷해. 사람은 좁아지면 위험해. 하지만 인류애까지 넓혀가면 사랑은 좋은 거야.

사랑이란 나와 다른 누군가를 뭉개버리는 것이 아니야. 지구는 생각이 다르고 삶의 방식이 다르지만, 모두가 함께 행복하게 지내는 곳이야.

그러나 자신이 차 있지 않으니까 '내가, 내가 말이야.'라는 '나'가 나와버리는 거야. 이건 사랑이 좁아진 상태지.

그러니까 스스로를 만족하고 지금 내가 할 수 있는 것에 집중해야 해.

그러면 사랑으로 내 마음에 촛불이 켜질 거야. 그러면 그 불씨로 다른 사람의 촛불도 켜줄 수 있지.

사람은 모두 어둠 속을 헤매고 다녀. 그래서 빛이 켜지면 기뻐하고, 빛을 보러 모여들지.

그러니까 에미코, 조금 더 마음이 넓어지고, 조금 더 행복해져 봐. 사랑을 키워 봐. 그것이 말로 나올 때 에미코는 어둠을 밝히는 관광이 될 거야."

내 마음은 히토리 씨가 불을 켜줘서 사랑을 알고, 사랑을 주는 법을 배웠다.

그래서 나에게 있어서 히토리 씨는 관광이다.

이번 생에 나는 히토리 씨 같은 관광은 되지 못할 테지만, 시바무라 에미코로서 사람들의 마음에 열심히 촛불을 켜며 살 것이다.

4

그 사람을
있는 그대로 인정해주어야 한다

그럼 이야기를 현재로 되돌려보자.

히토리 씨를 만난 후 내 마음의 촛불이 켜졌다. 이것을 알기까지 나는 시간이 조금 걸렸다.

시간은 걸렸지만, 지금 돌이켜 보면 그것이 가장 편안하고 즐거운 수행이었다. 그리고 지금, 행복한 내가 있다.

그리고 최근 나는 '히토리 씨의 편안하고 행복하게'에 더욱더 매진하고 있다.

그게 어떤 건가 하면, 지금까지는 '다른 사람의 마음에 촛불을 켜라.'를 누군가에게 알려주려면 한참 옛날로 거슬러 올라가 내가 히토리 씨에게 배운 것을 실천해서 무엇이 어떻게 바뀌었는지를 설명해야만 했다.

그러나 지금은 다르다. 히토리 씨에게 배운 방법으로

손금과 관상을 봐주면 그 사람의 마음에 촛불이 켜진다는 것을 깨달았다.

히토리 씨의 손금과 관상은 사람의 운세를 맞추는 것이 아니라 운을 터주는 손금과 관상이었기 때문이다.

"나쁜 손금과 나쁜 관상은 없어. 쉽게 말해서 그 사람의 개성이 나오는 것뿐이야. 그리고 그 개성에는 좋고 나쁨은 없는 거야.

그래서 그 개성을 좋은 쪽으로 이끌어주는 손금과 관상도 없는 거야. 무엇을 조심하라고 얘기할 필요도 없고.

기본적으로 사람의 마음은 어두워. 빛이 없는 세계지. 하지만 그 세계에 빛을 켜줄 수는 있어.

그것이 뭐냐 하면, 이를테면 손금과 관상을 대충 보는 거야. 대충 봐도 '이 사람, 왠지 어두운데?'라는 느낌은 올 거야.

그러면 이렇게 말하면 돼.

'원래 성격은 되게 밝네요.'

사람의 마음에 촛불을 켜주는 건 이렇게 그 사람을 있는 그대로 인정해주는 거야.

그것을 '성격을 조금 밝게 고쳐보세요.'라고 말하면 설교가 돼. 그러면 마음의 촛불은 켜지지 않아.

밝은 사람이라고 말해주면 '맞아요, 사실은 저 되게 밝은 사람이에요.' 하고 말할 거야. 사람들은 나를 보고 어둡다고 말하지만 사실 난 밝은 사람이다, 이렇게 생각하는 사람은 '밝다'는 말 한마디에 무척 기뻐할 거야.

개중에는 '아니에요. 전 어두운 사람이에요.'라고 말하는 사람도 있어.

그럴 때는 이렇게 말하면 돼.

'아니, 당신은 사실 밝은 사람이에요. 나는 관상을 몇천 명이나 봤어요. 그러니까 장담할 수 있지요. 당신이 어둡다고 말하는 것은 당신의 착각이에요. 어렸을 때 부모님이나 학교 선생님에게 자주 혼나서 그렇게 생각하게 된 것뿐이에요.'

그리고 여기서 이 말 한마디를 꼭 붙여야 해.

'당신은 웃는 얼굴이 참 좋아요.'

그러면 그 사람은 반드시 웃을 거야.

'그것 봐요. 그 미소가 최고예요.'

그러면 그 사람의 마음에 촛불이 켜지고, 그 사람은 '미소'에 자신감을 가질 거야. 그 미소로 살아갈 용기가 생기는 거지."

히토리 씨의 손금과 관상은 특별할 것 하나 없지만, 해석 방법이 남들과 다르다. 그래서 그에게 배운 대로 손금과 관상을 봐주면 사람들은 매우 좋아한다.

"판매를 올리기 위한 도구가 아니라 사람들에게 사랑을 주고 빛을 주기 위한 수행이야. 배우고 싶은 사람은 가르쳐줄게. 대신에 '천 명에게 수행'해야 해. 천 명의 손금과 관상을 봐줘야 해."

나는 직원들에게 이 조건을 내걸고 히토리 씨의 손금과 관상 보는 방법을 알려준다.

손님의 손금과 관상을 본 직원들은 손님이 너무 좋아한다면서 그들보다 더 기쁘게 말한다.

어떤 직원은 자살을 생각한 손님의 손금과 관상을 봐주었다고 했다. 그 손님은 눈물을 흘리면서 '나 이제 살아갈 용기가 생겼어요.'라고 말하며 돌아갔다고 했다.

그때 그 직원은 '오늘 가게 열기 잘했다.'라고 생각했다고 한다.

그날따라 가게를 찾는 손님은 없었고, 그 손님이 처음이자 마지막 손님이었다. 그 손님이 기쁨의 눈물을 흘리며 돌아갔으니까 가게를 열기 잘한 것이었다.

5

칭찬은
고래도 춤추게 한다

사이토 히토리 씨의 손금과 관상 효과는 사람을 기쁘게 해주기 위한 것이 아니다.

히토리 씨에게 배운 방법으로 많은 사람의 손금과 관상을 보면서 나는 사람이 더욱더 좋아졌다.

히토리 씨가 말한 것처럼 손금과 관상에는 그 사람의 개성이 여실히 드러나 있다. 그리고 히토리 씨에게 배운 방법으로 손금과 관상을 보면 그 사람의 삶의 태도와 노력이 보였고, 그 사람이 매우 사랑스럽게 느껴졌다.

우리 집 건물을 청소해주는 아주머니를 통해서 나는 이 생각을 강렬하게 품을 수 있었다.

그 아주머니는 평소에 내가 말을 걸어도 '아, 그래요?'라고만 대답할 뿐, 그저 묵묵히 일하는 사람이었다. 그런 아주머니여서 사실은 그 사람의 손금과 관상을 봐줄 생각은 없었다.

그런데 어느 날 묵묵히 일하던 아주머니의 뒷모습을 보고 사랑스러움을 느꼈다. 그렇게 생각하고 있는 순간 갑자기 아주머니가 나를 돌아보더니 '안녕하세요.' 하고 웃으며 말했다.

그 웃는 얼굴을 보고 내 입에서는 생각지도 않게 이런 말이 튀어나왔다.

'아주머니, 미소가 참 아름다우세요.'

아주머니는 갑작스러운 내 말에 깜짝 놀란 눈치였다. 이 사람 뭐지라는 느낌으로.

그 표정을 보고 나는 이 아주머니는 남에게 칭찬받은 적이 없구나 하고 생각했다. 그리고 곧 나는 아주머니의 손금을 봐주었다.

아주머니는 일복을 타고난 손금을 가지고 있었다. 마치 일하려고 태어난 사람의 손 같았다.

그때, 지금까지는 몰랐는데, 이 아주머니는 나 정도밖에 안 되는 사람을 위해서 열심히 건물 청소를 해주었다는 것을 분명하게 알 수 있었다.

나는 감개가 무량해져서 가슴이 뜨거워졌다. 그때 내

입에서 이런 말이 자연스럽게 흘러나왔다.

"아주머니는 일복이 참 많은 손이에요. 제 스승께서 이런 말씀을 했었어요. 일이라는 것은 제삼자를 편하게 해준다고요. 아주머니의 손이 그 증거예요. 아주머니, 저를 위해 항상 열심히 청소해주셔서 감사해요."

그러자 평소에는 '아, 그래요?'라고만 대답하던 아주머니가 이렇게 말해주었다.

'저에게는 일하는 능력밖에 없어요. 그래서 일만 하는 거죠. 하지만 저는 일하는 걸 좋아해요.'

그때 아주머니의 표정은 지금도 잊을 수가 없다. 환하고 매우 밝은 표정이었다. 나는 순간 울컥했다.

그 아주머니는 내가 손금과 관상을 봐준 1,000번째 사람이었다. '천 명 수행'의 의미를 깨달은 순간이었다.

6

행복은
마음먹기에 달려있다

　　손금과 관상에는 그 사람의 개성이 나온
다. 하지만 히토리 씨는 부자상도, 출세상도 아니다.
　무슨 말인가 하면, 손금과 관상은 사람의 운명을 가르
쳐주지 않는다는 것이다.

　"부자상인지 출세상인지 그건 아무래도 상관없는 거
야. 마음에 촛불을 켜고 갈 곳을 확실히 정하면 그걸로
된 거야.
　소질이 없으면 출세한 사람을 연구해서 남이 싫어하는
행동은 하지 않거나, 돈을 모으는 등 당연한 것을 제대로
하면 누구나 부자가 되고 출세할 수 있어.
　내가 그렇게 해봐서 알아. 이건 거짓말이 아니야. 하지

만 마음의 촛불을 켜지 않으면 그것을 깨달을 수 없어.

물론 소질이 있는 사람도 있어. 하지만 아무리 소질이 있다 해도 어둠 속에 있으면 그 소질을 못 쓰고 죽을 거야.

그래서 촛불을 켜주는 게 중요한 거야. 남의 마음에 촛불을 켜다 보면 내 마음에도 촛불이 켜질 거야. 자신도 성장하는 거지.

남에게 준 것은 반드시 돌아오게 되어 있어. 이 세상에 주기만 하는 것은 없어.

'나쁜 일'을 주면 '나쁜 일'이 되돌아와. 하지만 '좋은 일'을 주면 나에게 '좋은 일'이 생기지.

그러니까 손금과 관상이 아무리 나빠도 상관없어. 빨리 죽는 상을 가진 사람도 '좋은 일'을 하면 장수할 거야.

그런 게 인생이야.

마음에 촛불을 켜 봐. 그 촛불을 나눠주면 기적이 일어날 거야."

그러면 '마음의 촛불'은 무엇일까?

'나는 행복하다. 지금의 내가 최고다.'고 생각하는 것이다.

이것은 과도한 자신감이 아니다. 정말 지금의 당신이 최고다.

"사람에게는 각각 정해진, 바꿀 수 없는 숙명이라는 것이 있어.

이를테면 남자로 태어났다든가 여자로 태어났다든가 좋은 부모님 밑에 태어났다든가 하는 거지. 그리고 그 얼굴, 체형, 성격을 가지고 태어난 것도 숙명이야.

그것은 바꿀 수가 없어. 신이 정해놓은 거니까. 그래서 단념할 수밖에 없는 거야.

단념하면 똑바로 볼 수 있게 돼.

무엇을 똑바로 볼 수 있냐 하면, 신은 우리를 괴롭히려고 그 얼굴, 그 체형, 그 부모, 그 성별을 준 게 아니야.

모두 반짝반짝 빛나고 행복하라고 생명을 주었고, 태어난 기쁨을 맛볼 수 있는 수행할 곳을 준 거야.

신의 이런 뜻을 무시하고 '왜 이렇게 못생기게 태어난 거야.'라고 생각하니까 불행한 거야.

내가 항상 하는 말이지만, 행복은 마음먹기에 달려있어.

멍하니 있으면 자신의 행복을 깨닫지 못해.

그래서 '나는 행복하다. 지금의 내가 최고다.'라고 말하라는 거야.

그리고 매일 밥을 먹을 수 있다는 것, 함께 지낼 친구가 있다는 것, 즐거웠던 일, 이 세상에 태어난 것 등 다양한 행복을 찾아보는 거야.

그러면 나는 행복한 사람이라는 것을 마음속 깊이 깨닫게 돼. 그 깨달음은 이윽고 감사로 바뀌지.

신을 영화감독이라고 생각해봐.

감독이 '행인 1역을 맡아주세요.'라고 말했다면 이러쿵저러쿵 토 달지 말고 주어진 역할에 감사해하며 최고의 '행인 1'이 되는 거야. 그 모습은 빛나 보일 거야. 그러면 당연히 감독의 눈에 들어오겠지.

그러면 그다음에는 한두 마디라도 대사가 생길 거야. 그때 작은 분량의 대사라도 감사해하고 열심히 하면 더욱더 빛나 언젠가는 멋진 역할이 들어올 거야.

내 말을 믿지 않아도 상관은 없어. 신은 종교적인 이야기가 아니야.

그저 항상 눈앞에 놓인 현실을 직시하고 옳은 일을 하면 되는 거야. 우리는 신에게 감사한 마음은 있어도, 바라는 것은 아무것도 없어야 해.

신은 우리에게 공기를 주고, 물을 주고, 식재료를 주고, 생명도 주셨잖아. 이 이상 바랄 게 뭐가 있겠어. 나머지는 우리가 만들어 가야 하지 않을까?

이미 이렇게 태어난 거니까 내가 어떻다, 저 사람이 어떻다, 말해도 아무 의미 없는 거야.

지금의 내가 최고라고 생각하기 위해서는 나름대로 납득할 만한 것을 가지고 있어야 해.

그러면 지금의 나로 승부할 수 있어. 지금 최고의 나에게 좋은 것을 하나씩 보태서 가는 거야. 그러면 누구나 무엇이든 잘할 수 있을 거야."

7

마음의 촛불을 켜는 것은
기술이 아니라 생각과 사랑이다

어떤가? 모두 마음의 촛불이 켜졌는가?

내 마음의 촛불이 켜졌다면 이번에는 다른 사람에게 그 불씨를 나누어줘 보자.

마음의 촛불을 나누는 방법은 다양하다. 손금과 관상은 어디까지나 하나에 불과하다.

"마음의 촛불을 켜는 것은 기술이 아니야. 생각과 사랑이지.

꼭 손금과 관상을 봐주지 않아도, 이 사람에게 사랑과 빛을 줄 마음만 있으면 많은 지혜가 나올 거야. 그러면 그만이야.

그래서 '자신이 신의 사랑과 빛으로 만들어진 사람'이

라는 걸 모르는 사람에게는 손금과 관상을 봐줄 필요가 없는 거야. 사랑과 빛을 줄 마음이 안 생기면 어쩔 수 없는 거야.

사람은 세상에 태어날 때 신에게 어떤 약속을 해. 그것을 천명이라고 말해.

'나는 주변 사람을 괴롭히겠습니다.'

이렇게 약속하는 사람은 한 명도 없을 거야.

'애정이 담긴 말을 하고, 미소로 대하겠습니다.'

대부분 이렇게 약속하지.

이 약속을 끝까지 지키는 사람이 성공하는 거야.

하지만 기술을 쓰는 사람은 이 약속을 지킬 수 없어.

생각해봐. 사랑이잖아. 나와 내 주변 사람을 소중한 존재로 생각할지 안 할지야.

나는 소중한 것은 남는다고 말해.

조금 벗어난 이야기지만, 사람들은 만약을 대비해서 저금을 하잖아. 그건 돈이 소중하지 않다는 증거야. 자기만 소중한 거지. 그러면 정말 힘든 일이 생길 때 돈에 쪼들리게 돼.

하지만 나는 돈을 소중하게 생각해서 돈을 남겨놔. 그래서 돈에 쪼들리지 않지. 돈을 소중하게 생각하기 때문에 돈을 좋아하고, 그러면 또 돈이 들어와서 통장의 잔고가 늘어나는 거야.

돈이라는 녀석은 내 수중에 들어올 때면 이미 지쳐있어. 사람들은 그렇게 피곤한 녀석을 가만두지 않고 주식이나 땅을 사면서 혹사시키지. 그래서 돈에게 미움받는 거야. 가뜩이나 힘든 데 더 힘들어질 수는 없다며 돈들은 다 도망가버리지.

그러니까 나처럼 돈을 소중하게 대해 봐. 그러면 돈은 이렇게 말할 거야.

'나를 조금 써주면 안 될까? 나를 조금만 내보내 주면 내가 친구들을 많이 데리고 올게.'

돈을 소중히 대하면 이만큼 돈에게 사랑받을 수 있어.

돈을 소중하게 대하는 것은 돈을 남기는 거야.

이것과 마찬가지로 친구를 소중하게 대하는 사람은 친구를 남겨.

자기만 소중한 사람은 자기를 남기지. 친구도 없고, 아무도 없는 거야. 나만 남았으니까.

그런데 자신도 소중히 대하지 않는 사람도 있어. 그런 사람은 자살해서 진짜 아무것도 남지 않지.

나는 손님을 소중하게 대하고, 매장도 소중하게 대하

고, 돈도 소중하게 대해. 이것들 이상으로 우리 10명의 제
자도 소중하고, 마루칸 직원들도 모두 소중하지.

이렇게 내 주변 사람들은 모두 다 소중하고, 나는 그들
에게 둘러싸여 있어. 소중한 사람들에게 둘러싸인 인생이
최고의 인생이지.

나는 돈도 매장도 손님도 소중하고 사랑해. 하지만 내
육신이 없어지고 내 혼이 고향인 천국으로 되돌아갈 때
그것을 가지고 가지는 않을 거야.

이 세상이 나에게 준 것만 고향으로 가지고 갈 거야.
그것은 사랑이지.

사랑을 받고, 소중한 사람에게 둘러싸여 즐겁게 산 것,
행복했던 기억만 가지고 갈 거야.

한 번 더 말할게. 무엇을 소중하게 대할지 그게 중요해."

8

작은 돌이 다이아몬드로
바뀌기를

이 원고를 쓰면서 히토리 씨의 매력은 무엇인지 생각했다. 그리고 지금까지 그가 나에게 해준 이야기 몇 개를 떠올려 보았다.

지금 돌이켜보면 그의 사고방식이 매력이고, 히토리 씨의 성공은 그 정신론에서 나왔다고 할 수 있다.

히토리 씨의 정신론과 장사가 어떤 관계가 있는지 불현듯 생각해 본 적이 있다. 그리고 히토리 씨의 정신론을 기반으로 장사를 한 결과, 나는 시바무라 에미코라는 개성을 살린 인간으로 성공을 붙잡았고, 장사꾼으로서의 성공도 붙잡을 수 있었다.

작은 돌을 주웠는데, 어느샌가 그 작은 돌이 다이아몬드로 바뀐 것이다.

히토리 씨가 나에게 알려준 '작은 돌과 다이아몬드' 이 야기가 있다.

"어느 날, 한 마을에 신이 나타나 이런 말을 했어.
'작은 돌을 주워라. 작은 돌을 주우면 내일 기쁨과 슬 픔이 생길 것이다.'
마을 사람들은 이 말의 의미를 잘 몰랐지만, 신이 하라 는 대로 작은 돌을 주워서 주머니에 넣었어. 이튿날 주머 니 속을 들여다봤더니 작은 돌은 다이아몬드로 바뀌어 있었어.
그 순간 사람들은 기쁨과 동시에 '돌을 더 많이 주울 걸.' 하며 슬퍼했어."

이것은 문제를 하나씩 하나씩 해결해나갈 때는 좀처럼 성취감이 생기지 않아서 '돌'처럼 느껴지지만, 그 과정이 다 모이면 '다이아몬드'가 된다는 이야기다.

"즉, 헛된 노력을 하고 있다는 생각이 들지만, 나중에 돌아보면 헛되지 않았다는 거야.
이것은 자신이 행복하다거나 성공했다고 느꼈을 때 비

로소 나타나는 형상이지.

다이아몬드를 주웠는데 이튿날 그 다이아몬드가 돌로 바뀐 사람도 많이 있어. 남의 말을 듣고 따라 했는데, 나에게는 별로 도움이 안 된 일은 있는 거야.

하지만 돌을 주워도 그 돌을 다이아몬드로 바꾸는 사람도 있지.

그러니까 내 가르침을 받고 에미코가 성공한 게 아니야. 내 말을 도움으로 받아들인 에미코가 대단한 거지. 오히려 내가 에미코에게 도움을 받은 거야."

하지만 내 인생도, 히토리 씨의 인생도 아직 진행 중이다. 히토리 씨는 완벽한 사람이 아니고, 그의 제자인 나도 완벽하다고는 말할 수 없다.

하지만 완벽하지 않은 히토리 씨는, 자기 자신을 이렇게 말한다.

"살아있는 한 많이 배우고 배우면, 내가 배운 것을 다른 사람에게 전하고 떠날 수 있는 거야."

나도 히토리 씨에게 배운 것처럼 그렇게 살 생각이다. 우리는 그러한 인생을 살고 있는 비슷한 사람, 그저 친구일 뿐이다.

이 책을 읽고 있는 독자에게도 이런 친구가 생기길 바란다.

아니, 당신이라면 분명 이런 친구가 생길 것이다.

당신은 신의 사랑과 빛으로 만들어진 사람이니까.

에필로그

"사람은 일생에 한 번은 깜짝 놀랄만한
일이 있어."

　사이토 히토리 씨가 말했다.

　그러나 나는 일생에 한 번은 고사하고 몇 번이나 놀라
운 경험을 했다. 그저 어린 지압사였던 내가 장사꾼이 되
어서 많은 세금을 납부하게 된 것도 그중에 하나다. 또 미
숙하고 덤벙거리고 단순한 나를 사장으로 키워주고 응원
해주는 직원들이 많이 생긴 것도 그중에 하나다.

　하지만 이 일만큼 깜짝 놀랄 일은 없다. 그게 어떤 일인
가 하면⋯⋯.

　장사가 잘되고, 나 스스로도 놀라울 만큼 돈을 많이
벌게 된 후부터 나는 항상 '어떤 일'을 꿈꿨다. 그 '어떤

일'이란 내가 태어나고 자란 가미시호로의 어느 언덕에 부처상을 세우는 거였다.

가미시호로는 도카치 평야*의 북쪽, 다이세쓰산으로 둘러싸인 마을이다. 겨울이 되면 정말 말도 못 하게 춥고, 북풍도 횡횡 분다. 물론 눈도 많이 내린다. 하지만 그곳에 부처상이 있으면 마을 사람들의 마음이 조금은 따뜻해지지 않을까 생각했다.

하지만 언덕에 부처상을 세운다는 게 얼마나 힘든 일인지 나도 잘 알고 있었다. 그래서 아무도 그 일을 찬성하지 않았다.

다만 히토리 씨만은 달랐다.

내가 언덕에 부처상을 세우고 싶다고 말하자 그는 이렇게 대답했다.

"자네가 정말 바란다면 분명 이루어질 거야."

그러나 한 가지 중대한 문제가 있었다. 나는 그 언덕 소유자의 이름도 연락처도 몰랐다.

하지만 히토리 씨가 분명 이루어질 거라고 말했던 그 한마디를 믿고, 그날이 오기를 간절히 바랐다.

---

* 일본 홋카이도 남동부, 도카치강 유역에 있는 평야.

그로부터 10년 정도 세월이 흐른 어느 날, 가미시호로에서 누구보다도 미소가 아름답기로 소문난, 내가 정말 좋아하는 스님이 나를 보러 오사카까지 와주셨다.

그리고 그 스님은 이렇게 말했다.

"절에서 소유하고 있는 토지를 어떤 사람에게 빌려줬는데, 최근 그 땅을 갑자기 돌려받게 되었어요. 그러자 우리 절에 있는 시주가 부처님 꿈을 꿨다고 말하더군요. 부처님이 꿈에 나와서 '나를 세워줘. 세워줄 사람도 돈도 다 준비돼있어.'라고 말했다고요. 가미시호로에 한 번에 그렇게 많은 돈을 낼 사람이 누가 있을까, 그 시주와 대화하다가 시바무라 씨가 떠올랐어요. 그래서 시바무라 씨에게 도움을 좀 구하려고 여기까지 온 겁니다."

처음 이 얘기를 들었을 때는 정중하게 거절했다. 왜냐하면 나는 '그 언덕'에 부처상을 세우고 싶었기 때문이다.

정중히 거절하고 잠시 일상 얘기를 나누던 중에 아무 생각 없이 내가 '그런데 그 부처상은 어디에 세울 거예요?' 하고 물었다.

스님은 한번 예정지를 보여줄 테니 가미시호로에 오면 연락하라고 했다.

그러고 얼마 후 나는 가미시호로에 가서 그 예정지를 봤다. 그랬더니……

'그 언덕'이 건설 예정지였다!

우연은 절묘한 타이밍에 찾아온다.

때마침 그때 '한신 아와진 대지진 특별 조치'로 감세를 받아 꽤 많은 돈을 돌려받았었다. 그리고 더 놀랍게도 돌려받은 금액과 부처상 건설 비용이 정확히 일치했다.

그렇다면 선택은 하나다. 부처상 설립에 협력하기로 나는 결심했다.

그러고 얼마 지나지 않은 어느 날, 부처상 완성을 손꼽아 기다리던 나에게로 절에서 연락이 왔다.

"부처상 석상을 만들 때는 돌에 흠집이 있으면 안 된대요. 그리고 돌 안에는 검은 부분이 있는데, 그게 부처상 얼굴에 나오는 것을 흑인이라고 말해요. 그 흑인이 나오면 공사를 멈춰야 하고요. 그런데 지금 만들고 있는 부처상 말인데요……. 실은 오늘 그 흑인이 나왔어요. 그래서 공사를 중지해야 할 거 같아요."

충격이었다. 조금만 있으면 언덕에 세워진 부처상을 볼 수 있을 줄 알았는데…….

"조금 생각할 시간을 주세요."

나는 이렇게 말하고 전화를 끊었다.

그날 밤 내 꿈에 부처님이 나왔다. 꿈에서 부처님은 '괜찮다, 괜찮아.'라고 말했다.

그래서 나는 다음 날 스님에게 공사를 계속 진행하면 좋겠다는 뜻을 전했다.

그랬더니 더욱더 놀랍게도 마지막 돌 한 조각으로 흑인이 지워졌다.

"믿을 수가 없어요. 여기 절에 있는 사람은 물론이고 부처상을 조각해준 분들도 모두 깜짝 놀랐어요."

연락해준 스님도 흥분해서 말했다.

놀라운 일은 여기서 끝나지 않았다. 조각을 마친 부처상을 언덕에 세우려고 할 때 부처상 뒤로 나비가 날아왔다는 이야기를 나중에 절 관계자에게 전해 들었다.

무엇보다 깜짝 놀랄 매직은 개안식 때 일어난 일이다.

개안식에는 사이토 히토리 씨와 우리 매장 대표 그리고 동료 사장들도 참석해 주었고, 꽤 성대하게 치러졌다. 그리고 부처상을 가린 천을 벗겼을 때 그곳에 참석한 사람들은 모두 말을 잃었다. 그중에는 눈물을 흘린 사람도 있었다.

그 부처상이 히토리 씨와 닮았기 때문이다.

부처상을 조각한 사람은 외국인으로 히토리 씨에 대해 전혀 모르는 것은 물론이고, 나에 대해서도 모른다. 스님도 히토리 씨에 대해 말한 적이 없고, 사진도 일절 보여주지 않았다고 했다.

도대체 왜 이런 일이 일어난 걸까?

혼란스러운 머리를 겨우 가라앉히고 히토리 씨에게 도움을 요청했더니, 그도 어안이 벙벙해져서 '나도 모르는 일이야. 이럴 때는 그냥 깜짝 놀라야지 뭐.'라며 넋이 나간 채 말했다.

그리고 지금 그 부처상은 가미시호로 언덕 위에서 인자한 미소를 지으며 세워져 있다.

이런 걸 보고 기적이라고 하는 거 같았다.

그리고 기적은 나 혼자서 일으킨 것이 아니다.

스님이 말하지 않았다면 꿈을 이루지 못했을 것이다. 그 꿈을 그릴 수 있었던 것은 손님이 후원해준 덕분이다. 그리고 손님에게 후원받을 수 있도록 직원과 주변 사장들이 내 한계에 도전해 주었기 때문이다.

그리고 그 길을 열어준 것은 나의 부모님과 히토리 씨다.

부모님이 계신 덕분에 나는 이 세상에 태어날 수 있었다. 그것은 나에게 있어서 '제1의 탄생'이다. 그리고 히토리 씨와의 만남은 시바무라 에미코의 '제2의 탄생'이다.

히토리 씨는 나에게 많은 것을 가르쳐주고, 미숙한 나를 용서해주고, '공생'하는 친구들을 주었다.

내 친구 '마루칸 사장'들도 나에게 있어서 소중한 사람이다. 정말 감사한 사람들이다. 이 사람들이 없었더라면 나는 지금처럼 즐겁고 행복한 장사꾼 인생을 보내지 못했을 것이다.

이렇게 많은 사랑을 가슴에 품고, 많은 사람의 응원을 받으면서 사는 것에 감사하고 또 감사하다. 앞으로도 사랑의 촛불 릴레이를 계속해 나갈 것이다.

마지막으로 집필에 협력해준 히라다 미호, 어반 산타 크리에이티브의 미이치 유리에게 진심으로 감사드린다.

미숙하고 긴 이야기를 끝까지 읽어준 독자분께도 감사의 말을 전하고 싶다.

당신에게도 모든 좋은 일이 눈덩이처럼 일어나길 바란다!

반드시 성공으로 이끄는 운의 법칙

초판 1쇄 인쇄 2024년 10월 20일
초판 1쇄 발행 2024년 10월 25일

지은이 시바무라 에미코(柴村 恵美子)
옮긴이 권혜미
발행인 최근봉
발행처 도서출판 넥스웍
등록번호 제2014-000069호

주소 경기도 고양시 일산동구 장백로 20, 102동 905호
전화 (031) 972-9207
팩스 (031) 972-9808
이메일 cntpchoi@naver.com
ISBN 979-11-88389-56-8(13190)